神々の陰謀

コロナで突如始まって、あっという間に仕上げ！

金城光夫

ヒカルランド

いくさぬゆ～（戦の世）から
みるくぬゆ～（弥勒の世）へ
そして
かみぬゆ～（神の世）へ

［琉球國神話より］

陰謀論で語られる支配者は神です。

神とあなたはコインの裏と表。

あなたが神と思っている存在は、
もう一人のあなたなのです。

つまりコインの裏と表、どちらもあなたなのです！

5次元は、自分が運命を支配する世界なのです。
運命の家来ではなく、運命を操る存在です。

既存の運命に流されるのではなく、
自分が運命を創造する世界が5次元なのです。

運命に使われるのではなく、
運命を使う側になることができるのです。

はじめに

今だからこそ……

今、何が起こっているのか？

実は今、現実、事実以上に
凄いことが起こっているという説があります。

現実は、世の中で新型コロナが流行し、マスクが不足し、デマによってトイレットペーパーの買い占めが始まり、急な休校で子育て中の親が混乱し、観光客が減ってホテルが廃業し、夜の商売、居酒屋などがドンドン潰れています。

そんな大混乱の現実の裏側では、世の中の支配者層に
都合がよい法案が通っていたりするのだそうです。

最近話題になっているのは、種苗法改正案です。
農家の人は決められたルートから種を買わなければならないという法律です。
今までは、農家が収穫物の一部から、次期作付け用に種を採取していました。
このいわゆる「自家採種」を禁止する法案を通そうとしているのです。

なぜこのようなことが起こるのか？
わたしたちに直接、どんな影響があるのか？

世の中には、陰謀論というのもあります。
支配者層というのがあって、自分たちの都合のよいように

世界をコントロールしているという説です。

実はその支配者が
種苗法によって今度は農業の世界を支配しようとしているのです。

支配者は、お金、石油などのエネルギー、食料を支配することですべての人類を支配できると考えているわけです。

その他にも調べれば、今はネット上でいくらでも陰謀論を探すことが可能です。

誰かが情報をアップする。
そして、真実に近い情報は、支配者層によって消されるのです。

最近の情報ですと、５Ｇの陰謀説と新型コロナの陰謀説はツイッターで削除されるキーワードに登録されました。

陰謀論者と支配者層のイタチごっこなのです。
しかし、それさえも本当かどうか、
我々素人が確かめる術《すべ》はありません。

仮にそれらの陰謀論が正しいとして、
だから何だというのでしょうか？

支配者がいるということは、支配される側もいるということです。
支配される側がいなければ、支配する側は存在できないのです。

そして、ほとんどの地球人は、支配されているほうが楽でいいのです。
支配されていようがいまいが、楽しければいいのです。

人生は、支配されないためにあるのではありません。
幸せになるためにあるのです。

それを踏まえて、現状を見てみましょう。

現実は、混沌としています。
その混沌とした現実の延長に、未来を見るのか？
それとも、その延長線上にはない、
自分が創り出したい未来を見るのか？

今、目の前の出来事を見たら

確かにつらいことばかりかもしれません。

でも、来年の今頃はどうしていたいですか？
五年後は、どのような家に住みたいですか？
十年後は、どのような生活を送っていたいですか？

僕は、一年後はスピリチュアルのトップリーダーとして
世界に琉球を発信しています。
五年後は、平和で豊かな世界で幸せに暮らしています。
十年後は火星で、たこ焼き屋をやっています。

中には、一年後には世界中の経済が破綻《はたん》し、
五年後には地球には住めなくなると言う人もいます。

今現在の延長で未来を見るのなら
そのような未来が見えるのかもしれません。

けれども、どの未来を見たいのかは自己責任なのです。

人は見た世界へと向かいます。

世紀末を見ているのなら、世紀末の地球がある世界へと向かいます。
そうなると、僕の見ている世界とは別の世界ですので、
別々の世界へと向かうのです。

この本を読んで、自分の見たい世界を見た人はその世界へ
この本を読んでも
やはり目の前の現象の延長で世紀末を見たならその世界へ

今のあなたには、どちらの可能性もあります。

そして、同時に違う世界が進行していきます。

それがパラレルワールドです。

新型コロナの影響で、悲惨な世界になっているのを見るのか？
自分が見たい楽しい未来を見るのか？

僕自身も二手に分かれます。

一年後に悲惨な僕と出会っているあなたは
悲惨な地球を選んだあなたです。

一年後に、世界的な存在になっている僕を見かけたら
あなたも楽しい地球を選んだということです。

その分かれ目は、今、です。

現状は、黙っていても現状のままです。
何も考えなくても、現状は変わりません。

でも、自分が住みたい明るい未来を見るのなら、
現状は変わらなくても、あなたの住む世界が変わります。

パラレルワールドを乗り換えて
あなたの住みたい世界へ、あなたが移動するのです。

ここが大事なところです。

あなたが何を思っても、現状は変わりません。

でも、あなたが住みたい世界を見るのなら、
パラレルワールドを乗り換えて違う世界へと
「あなた」が移動するのです。

パラレルワールドは無数にあります。

このまま世紀末を迎える地球のパラレルワールドもあれば、
世界が平和で豊かになっている地球の
パラレルワールドもあるのです。

世紀末を迎える地球のパラレルワールドで
助かるための行動を取るのか、
それとも
平和で豊かな地球のパラレルワールドに移動するのか、
あなた次第です。

これが本当の自己責任なのです。

その岐路に立っているということが、凄いことなのです。

今までにないほどの悲惨な状況です。
これはもう、目に見えない戦争なのです。

それでも……

それでもです。

あなたはどんな未来を創造しますか？

未来のあなた、未来の世界は、今、あなたが創るのです。

今だからこそ、はっきりと自分の意志で
自分の住みたい世界を決めるときなのです。

神々の陰謀◉目次

【裏篇】運命の支配者になる

カバーデザイン　櫻井浩（⑥Design）
校正　麦秋アートセンター
本文仮名書体　文麗仮名（キャップス）

［表篇］

この世は情報で創られている

陰謀論の罠

世の中には陰謀論というものがあります。

陰謀論は、世の中はピラミッド構造になっているという説が前提になっています。

ピラミッド構造とは、人間を支配する構造のことです。

一番下に一般の国民がいます。
その上に政治家がいます。
その上に企業がいます。
その上に銀行がいます。

その銀行を支配する支配者層があり、
世の中の経済は、この支配者層が
意図的に操っているというものです。

ピラミッドの頂点が支配者層
ピラミッドの底辺が我々、一般庶民
だと思っていただければ早いです。

ですから、選挙をして良い政治家を選び
良い政治をしてもらうというのは、
叶《かな》わぬ夢、幻なのです。

支配者層の言いなりで銀行が動き、銀行の言いなりで企業が動き
企業の言いなりで政治家が動くのですから、
政治家に届くのは、一般庶民の声ではなく
支配者の声のみなのです。

そのカラクリを暴露しようとしているのが陰謀論者たちです。

彼らは世の中でどのような陰謀が行われているかを追及し、
情報を集め、政治家や銀行家などの裏を読み、
支配者が何をしようとしているのかを一般庶民に広めて、
それをひっくり返そうとしているのです。

さてさて、ここで二つに分かれます。

一、そんなことはないよ
と、陰謀論に対して懐疑的な人

二、それはあると思う
と、受け入れる人

要するに、否定派と肯定派です。

しかし否定派も肯定派も
どちらも陰謀論の罠《わな》にハマっているのです。
これは巧妙な罠なのです。

否定と肯定はコインの裏と表なのです。
否定したということは、その裏側に肯定があるのです。

人間の思考は、どちらかを選択する習慣があります。

選択した瞬間に、そのコインを手にするのです。


つまり、陰謀論者の人たちが暴露した内容を否定しても肯定しても、そのコインを手にしたということなのです。

以前に面白い話を聞きました。


無神論者に、ある人が尋ねたのです。

「君が信じない神様とは、どの神様のことかね？」

すると無神論者は答えました。

「こんな不平等な世の中を創った神様なんか信じられない」

この世の中を創ったのは神様だと
けれども、その神様の創った世の中が平等ではないから、
神様を信じることはできない、と言うのです。

その人は、「無神論者」でしょうか？

もしも陰謀論者の言うことが正しいとしたならば、
この世の中はある少数の人間が牛耳《ぎゅうじ》っていることになります。

その少数の人間が、自分たちにとって都合のいいように
世の中の秩序を作るよう銀行家に伝えます。
銀行家は経済を支配していますので、

企業側は銀行の言いなりになるしかありません。
企業が政治家を動かして、国民を縛るためのルールを作ります。

しかし、国民は簡単には言いなりになりません。
支配者の鶴の一声で動くのは政治家までです。

政治家は、支配者と国民の板挟みにあいます。
国民の支持率を損なわないように、国民の機嫌を取りつつ、
支配者が目指すところへ国民を誘導しなければならないのです。

その支配者層に都合がいい法案を通そうとすると、
国民が目を光らせていますので、簡単には通らない場合もあります。

そこで、世の中ではいろんな事件や

国民の目を引くような出来事が起こるのです。

国民がよそ見をしている隙《すき》に、

支配者層に都合がいい法案をいつの間にか通してしまい、

事後報告という形で国民に知らせるのです。

「え？　聞いてないよ」という法案が実はいくつもあります。

ですから陰謀論者たちが、その法案の細かい内容や、

それが通ることで、これから

どのようなことが起こりうるのかということを暴露しているのです。

その暴露があまりにも的を射ている場合には、

ＡＩが察知してすぐに削除されるようになっています。

それでも、陰謀論者たちは何度も何度もネットで暴露をするのです。

さて、問題はここからです。

この支配者側と陰謀論者のイタチごっこを見て、
あなたはどう思いますか？

「情報が消されるということは、支配者側に都合が悪いからだ」
と思うでしょうか。

ということは……
その記事の信憑《しんぴょう》性が高まりますね。

「やはり事実だったんだ」
一度読んだ記事が削除されていたら、そう思いませんか？

残っている記事は大丈夫な範疇《はんちゅう》で、
本当にヤバい情報は削除されてしまう。

この思い込みを持たせるのが目的だったとしたら……

はたして、陰謀論者は一般庶民の味方でしょうか？
それとも、支配者の手先でしょうか？
もしくは、支配者層が一枚上手で、
一般庶民を錯乱させるためにあえて流した情報を、
陰謀論者が摑《つか》んだのかもしれません。

僕は、ピラミッド構造の話を聞いたときに

「じゃ、一般庶民にはどうしようもないじゃないか。

支配者層の言いなりになるしかないのだろうか?」
とガッカリしました。

どんなに素晴らしい世の中を望んでも、
所詮は支配者層の手のひらで
転がっているしかないように思えたのです。

しかし……

そう思わせること自体が狙《ねら》いだとしたら?

支配者層がわざと情報を流し、
それを見つけた陰謀論者が世の中に暴露する。
それを知った一般庶民は、諦めて支配者層の言いなりになる。

それが狙いだったとしたら？

支配者になるくらいだから、かなりＩＱが高いことが予想されます。
支配者層がいるとしたら、どこまで考え、
何をしようとしているのでしょうか？

それはそれ、これはこれ

さて、陰謀論が本当だとしても、デマだとしても、
わたしたちには何の影響もないことをご存知でしょうか？

なぜなら、わたしたちは支配者に支配されているのではなく、

自分の「目」に支配されているからです。

支配者層の意図に関わらず、世の中には多くの情報が流れています。
そして、その情報から何かを想像するのは、わたしたちなのです。

自分の「目」とは、
「多くの情報から自分が何を観ているのか？」ということ。
わたしたちは、自分が観ているものに支配されているのです。

仮に、陰謀論者たちの言っていることが正しいとして、
あなたはその情報を耳にした上で、そこに何を観るのでしょうか？

世間では、定期的に世紀末の噂《うわさ》が流れます。
地球が数年以内に住めなくなるなどというものです。

その情報を受け取って、何を観るのでしょうか？

自分が助かる方法を探すのが大切だと思い、
はこ舟を探そうとするのか？
そうならないように、
人間の意識を変えるために努力しようとするのか？
みんなを救うための救世主になろうとするのか？
そんなのはデマだよと、通常の生活を続けるのか？
本当かどうかの証拠を探ろうとするのか？

一つの情報から、それぞれが観る世界は多種多様に分かれるのです。
そして、それぞれが観た世界に人は向かい始めます。

つまり、それを観る「目」に人は支配されているのです。

世の中で今、起こっていることは事実です。
それ以上でもそれ以下でもなく、ただの事実です。

その事実をどのように観るのか？
一人一人、それぞれの観点で、
それぞれが自分の世界を創造するのです。

人は過去に囚われて、未来を観ようとします。

朝一番で嫌なことが起こると、
「朝からショック、今日はツイテないや」と、
朝の出来事で、その日一日を決めてしまいます。

「今日は大事な約束がある日なのに、こんなときに限って……」と
いつまでも朝寝坊したことを悔やみます。

そして、慌てて車に飛び乗り、急いで会社に向かうのですが、
信号が赤になるたびに
「うゎ、ツイテないや」と嘆きます。

「ツイテない、ツイテない、ツイテない」
何回も呟《つぶや》くことで、自分に催眠術をかけるようなものです。
そして、その日は一日中
ツイテない世界を観て、ツイテない経験をするのです。

さて、その日はすべてそうなる運命だったのでしょうか？

何を観ようとも、同じ事実が起こるのでしょうか？

ここからは、僕の仮説です。
僕の仮説という情報をあなたがどう受け止めて何を観るのかは、あなた次第です。

人は見た方向に向かいます。
そして、その見た事実によって、観る世界を創造します。
どのように観るのかは、人やタイミングによって大きく違います。

先ほどのたとえで言うと、寝坊をしてまずいと思い、慌てて出かけ、その日一日ツイテないと思い、ツイテない世界を観て、ツイテない世界を創造するパターンを観るのか？

寝坊した時点で開き直って、連絡をして
約束の日時を変更してもらうパターンの延長を観るのか？
寝坊したことを先方に伝えて、
遅れていくパターンの延長を観るのか？

いろんなパターンがあり、そこに何を観るのかで、
違う世界を創造するのです。

どんなに嘆いても、寝坊した事実は消えません。
しかし、それはそれです。
事実は事実ですが、それとツイテないというのは別問題なのです。

寝坊したのは、寝坊しただけです。
もしかしたら、寝坊したおかげで、
ツイテいることが起こるのかもしれません。
寝坊したおかげで、
事故に巻き込まれなくて済んだのかもしれません。

寝坊のおかげで、商談が上手くいかずに、
変な会社との取り引きをしなくて助かったのかもしれません。

考えればキリがないのですが、
なぜ、わざわざツイテいないことばかりを考えるのでしょうか？

寝坊が良いとは言いませんが、

起こってしまったことを悔やんでも、事実は事実です。

事実は事実
寝坊は寝坊
遅刻は遅刻

それはペナルティになるかもしれませんが、
ペナルティが一個ついただけです。

余計な予想をして、ツイテいない世界を観て、
ツイテいない世界を創造すると、
一個どころではなく、たくさんのペナルティがついてきます。

事実は事実ですが、そこから観る世界は自由なのです。

事実は事実
想いは想い

それはそれ
これはこれ

事実と想いは別物です。

どんな事実があろうとも、そこから観る未来は自由なのです。

今、世の中で何が起こっていようとも、
自分の都合のいいように未来を観るのは自由です。

かなり信憑性のある陰謀論もありますが、
その情報をどのように観るのかは、自分の自由です。

世の中に散乱しているたくさんの情報の中から、
どれを選び、組み合わせて、
自分の未来を楽しいものにするのかは、自分の自由なのです。

その自由な楽しい妄想が、現実にどのような影響を与え、
どのようなことが起こるのか？
それを科学で証明できるところまできています。

人の想いは「波動」です。
妄想を観たときに出る想いは波動です。

その波動が、素粒子として物理的に作用して、
現実的に現象として現れるのです。

ですから、人は自分が観た世界を創造するのです。

だとしたら、目の前の事実を見て
嘆いて、嫌な未来を想像するよりも、
事実は事実、それはそれ、
でも自分が観たい世界、これはこれ、と
割り切るほうがよいのではないでしょうか。

色即是空　空即是色

この世の中には「情報」しかありません。
「人」に見えているもの、「物」に見えているものも、
すべて「情報」なのです。

色即是空《しきそくぜくう》
空即是色《くうそくぜしき》

何千年も前の仏陀の言葉です。

「色」は、この世にあるすべての物質のこと。
「空」は、実体はない、幻だということ。
色即是空とは、
すべての物質に実体はない、ということを表しています。

量子力学では、この世にあるすべての物質を分解していくと、
やがて目に見えない原子になり、
そして素粒子になるということがわかっています。
最終的には、目には見えなくなり、物質ではなくなるのです。

そして、空即是色とは、
何もないところに物質を作り出すことが可能だということです。

今の量子力学では、最小の物質は素粒子だと言われています。
素粒子は十七種類あるのですが、その十七種類の素粒子も、
一つの「ひも」からできているという仮説が浮上してきました。

一つの「ひも」とは？

「波」です。

一つの波の動き方で、十七種類の素粒子が生まれ、十七種類の素粒子の組み合わせで、百数種類の原子が生まれ、その原子の組み合わせで、水や炭素、鉄などが誕生するのです。

何もないところに波の動き、つまり波動が生まれ、物質化するのです。

すべての物質に実体はなく、何もないところから物質が生まれる。仏陀はこれを「色即是空　空即是色」という二つの言葉で言い表しました。

最近になってようやく言われ始めたことを、

何千年も前に悟った仏陀って
凄いと思いませんか？

仏陀や最新の量子力学からわかることは、
この世はもともと、何もない幻の世界だということです。

そして、その幻の世界に何かが現れるすべての根元は、
波動だということです。

波動とは、波が情報に合わせて動いたものです。
つまり、情報によって波の動きが変わるから、
物質化するものもすべて違うのです。

ですから、この世はすべて情報から創られているのです。

僕が情報と言っている意味が何となくわかってもらえたでしょうか？
ここでは情報というものがいかに大切か、ということが
わかってもらえればいいかなと思います。

ここで、世の中を見渡してみましょう。

今、世の中はどのような状況になっているでしょうか？

戦後、文明が発達し
テレビで世界中の様子を見ることができるようになりました。
多少のタイムラグはあるにしても、ほぼ同時刻に
地球の反対側の情報を知ることも可能になったのです。
現地に行かなくても、

映像として見ることも聞くこともできるようになったのです。

ごく普通の、当たり前のことのように思えるかもしれませんが
江戸時代には考えられないことでした。
交通手段のない当時の庶民は
自分の足で歩いて行ける範囲のことしか
見ることができませんでした。

それが、家に居ながらにして
世界中の情報を手に入れることができるようになったのです。

大変便利な世の中になりましたが
逆にこのことが裏目に出たりもします。

世間一般の人々は情報を妄信するようになってしまったのです。
テレビでやっていることは正しい情報だと
信じ切ってしまうようになりました。

その結果、テレビの情報操作により
国民を簡単に導くことができるようになったのです。
実際に自分の目で確かめなくても、ニュースでやっていたら
間違いないと思ってしまうのです。

今、世界中で起こっていることは、
自分の目で確かめたわけではなくても
本当のことだと思えるのです。

これをいいことに、支配者層が

テレビやラジオのマスメディアを独占し、
自分たちに都合のいいようなニュースだけを発信して
デマを広めたとしたらどうなるでしょうか？

「テレビのニュースでやってたよ」
そう言うだけで、
実際にニュースを見ていない人まで信じてしまいます。

あるとき、その仕組みに気づいた人が
真実を暴露するようになりました。

ところが、大事な秘密を暴露しようとした人たちはなぜか、
突然死という形でこの世を去っていきました。

また、支配者層の人たちに都合が悪いものを発明した人々も、
突然の事故や病気で亡くなっていきました。

有名なのは、フリーエネルギーです。
これは百年以上も前から発明されてはなくなり、
発明されては消えていきました。

そんなことから明らかに怪しいとして、
真実を暴こうとする陰謀論者たちが増えてきました。

テレビなどのマスメディアは押さえられているので、
インターネットを使うようになりました。

今は、マスメディアだけではなく、

インターネットで情報を得られる時代になりました。
そのおかげで、真実を暴露することが
容易にできるようになったのです。

しかし、今度は支配者層がネット上を管理するようになり、
都合が悪い記事は勝手に削除されるようになりました。

今やマスメディアやネット上での情報合戦なのです。

情報が世の中の人々に過大な影響を与え、世界が左右されるのです。
ですから、我々一般庶民には、
情報を見極める力が必要になってきます。

多くの人がやっているのが、多数決です。

多くの人が同じ意見ならば信用できると思っているのです。
つまり、真実だから正しいのではなく、
多くの人が正しいと思ったら、それが真実になるのです。

今から五百年くらい前までは、地球が中心で
太陽や他の星が地球の周りを回っていると思われていました。
当時の技術ではそれを確かめる術がなく、
人々はそれが正しいと思い込み、
ほぼすべての人類が天動説を信じていました。

そんな中で地動説を説《と》いたらどうなるか？

想像できますよね。実際に
コペルニクスは迫害を恐れて地動説を発表することを躊躇《ため》《ら》い、

ガリレオは異端審問にかけられました。

しかし、今では地動説が当たり前になっています。
世の中のほとんどが天動説を信じていた時代に、
どうやってその説をひっくり返したのでしょうか？

実は、すべての人の考えをひっくり返す必要はありません。
ある情報を人々が信じ込み、全体の三％に普及するだけで、
爆発的に広がるのです。

日本でたとえると、洗濯機やテレビなど
今では当たり前に各家庭にありますが、
出始めた当初はほんの一握りの人だけが所有していました。
それが少しずつ普及し、

日本の三％の世帯に普及したときに爆発的に売れ始め、ほぼ全世帯に行き届くようになったのです。

つまり、情報操作をするとき、全体の三％の人が本当だと思えば、そこからはたちまち爆発的に広まって、やがてはそれが真実だという歴史になるのです。

初めのうちは弾圧されていた地動説支持者たちも、徐々にその数が増え、あるときに大きく変化し、現在では地動説が当たり前になっていったのです。

しかし……

誰も地球の外に出て確かめたわけではありません。

それなのになぜ地動説が正しいと思えるのでしょうか？

それは子どもの頃から学校で習うからです。
学校で教わる情報はすべて正しいという前提で勉強するのですから、
そこで習ったことは正しいと誰もが思っているのです。

ここでは、何が正しいかということには触れないようにします。
ここで伝えたいのは、それを正しいと
「誰もが思っている」ということです。

真実かどうかなど、本当はどうでもいいことなのです。

何を思っているのか？

何を思い込んでいるのか？

たとえ真実でなくても、何かを思い込んでいるのなら、
その思い込みが真実なのです。

つまり、この世の中には正しい真実があるのではなく、
人の数だけ思いが違い、真実が違うのです。

数えきれないほどの情報の中から、あなたは何を選び、
どのような真実の中で生きているのでしょうか？

コップの夢

「自分を何だと思っているのか」

この問いかけはとても大切になってきます。
自分が自分に対して下している評価が、
そのまま他人からの評価になる場合があるからです。

自分をダメな人間だと思っている人は、
ダメな人間の波動を出します。
すると、他人にはその波動が伝わりますので、
その人の実力にではなく、

その人が出している波動に反応してしまいます。

ダメな人に対する反応は人それぞれです。

ダメな人をからかう人
ダメな人に怒りを感じる人
ダメな人にアドバイスをしたくなる人
ダメな人を無視する人

その人が本当にダメな人なのかどうかではなく、
その人が出している波動に反応するというのは
面白いと思いませんか？

「自分を何だと思っているのか」というのは、

自分に対する情報です。
その情報で自分が創られていくのです。
しかも、その情報は他人から植え付けられている場合が多いのです。

例えば、小さいときに機嫌が悪かった母親から
「あんたは本当にダメな子ね！」
と言われたとします。

母親としては、本当にそう思っているのではなく、
子どもを躾《しつ》けようとして、あえてそう言ったのかもしれません。

しかし幼い子どもは、真に受けてしまいます。
他の人ならまだしも、
母親からそう言われるというのは致命傷なのです。

「自分はダメな子なんだ！」
そのときのショックがトラウマとなって、
事あるごとに自分はダメな子なんだと思うようになります。

大人になって、仕事でミスをしたときにも
「やっぱり自分はダメなんだ」
と、確信を持っていきます。
それでその人は、自分はダメだという波動を撒《ま》き散らすのです。

常にダメな波動を出していますので、
そのダメな波動と共振共鳴する波動を引き寄せます。

やがて溜まったダメな波動は、

その波動と共振共鳴するような出来事を引き寄せます。

そうやって、その人は
ダメな波動に見合った人生になっていくのです。

これは一つのたとえですが、実際に自分では
なぜ自分のことをダメだと思っているのかさえ
わからない状態だと思います。

なぜ自分をダメだと思っているのか
その原因探求をしてもキリがありません。

ここでは、原因が何であれ、
「自分を何だと思っているのか」という情報で

波動を出していること、
そしてそれは、最初は他人から植え付けられた情報であって
本当の自分の情報ではないかもしれないということを
理解してください。

仮に、自分は面白いと思っている人は、面白い波動を出します。
すると、周りもその波動に反応して、
面白い人に対する態度を取るのです。

また、自分のことを人気者だと思っている人は、
人気者だという波動を出します。
すると、周りの人はその人が本当に人気者かどうかはおいておいて、
人気者だという波動に反応して、人気者に対する態度を取るのです。

ですから、「自分を何だと思っているのか」が大切なのです。

「自分を何だと思っているのか」という情報は、
無意識のうちに入り込んできた情報です。

人は無意識のうちに入り込んできた情報で自分を定義づけし、
その情報という波動で自分を創り上げているのです。

要するに、人は無意識のうちに
自分という人格を創り上げているのです。

もしそれを意識的に創造することができたら
素晴らしいと思いませんか？

それ自体は可能です。

が、しかし、意識的に創造することよりも、難しいことがあります。

それは、どのような自分になりたいのか？　という理想の自分を想像することです。

夢を叶えるのは簡単です。

夢がないのが問題なのです。

理想の自分になるのは簡単ですが、理想の自分を思い描くことが難しいのです。

あるノミの実験があります。

猫などに寄生するノミのことです。

数匹のノミを捕まえて、
透明のコップを逆さまにして上から封じ込めました。
ノミはジャンプするのですが、
コップの底に当たってそれ以上は高く跳べません。

通常だったら一メートルくらいは飛び跳ねるノミが、
コップの底まで、およそ七センチくらいでぶつかってしまいます。
しかし、コップにぶつかりながらもノミの習性で
何度も何度も飛び跳ね続けていました。

それからしばらくして、コップを取り除いてみると……
コップがなくなったにもかかわらず、ノミは
七センチのジャンプを続けたのです。

ノミは何センチ跳ぼうと思って飛び跳ねているわけではありません。
より高く跳ぼうと思って跳ねているのです。
しかしコップの中にいる間は、コップに邪魔されて、
最高でも七センチしか飛べなかったのです。

そしてそのうち、コップがなくなっても
それ以上は跳ぶことができなくなってしまったのです。

人間の想いは本来、無限大にどこまでもより高く、
より大きく持つことができます。

しかし、周りの反対にあったり、
うまくいかない経験を重ねてしまったり、

現実に実現可能かどうかを考えさせられたりして、
「この程度なら達成できるかも」と思う範囲でしか
夢を見られなくなります。
コップの底のように限界を設け、その限界の中での大きさでしか、
夢を持つことができなくなってしまうのです。

人間の想いには、本来、限界はありません。

コップの中に収まる夢ではなく、無限大に広がる宇宙規模の夢を、
あなたは持つことができますか?

時間やお金などの条件という名のコップに合わせた夢ではなく、
宇宙規模の大きな夢のことです。

見栄を張って、
どこかで聞いたような大きな夢を持つのとも違います。
誰かに言うことはなくても、自分の中で本当に憧れる夢を、
どこまで広げることができますか？

もしも、その夢を思い描くことができるのであれば、
それを叶えるのはとても簡単なことなのです。

自分の王国

世界一簡単な、世界一になる方法があります。
自分の世界で世界一になればいいのです。

自分の世界には、自分しかいません。
自分一人しかいないので、何をやっても自分が世界一なのです。
とっても単純な理屈ですよね。

確かに自分の世界では自分しかいないので、
何をやっても世界一ですが、
そんなの意味ないじゃん、アホらしい、と思いますよね。

意味はないかもしれませんが、凄い魔法があるのです。

物理的に言えば、ただの独りよがりなのかもしれません。
その独りよがりが奇跡を起こすのです。

「自分を何だと思っているのか？」

そうなのです。
このキーワードが凄い奇跡を起こすのです。

たとえ独りよがりだろうとも、
自分を世界一だと思っていたら、
世界一という波動を出します。

周りの人はその人の実績にではなく、その人の波動に反応します。
世界一の人に対する反応になるのです。

どんなことでも、その道三十年のプロと、
初心者に人に対する反応は違います。
プロの人には、

自分も上手くなるコツを教えてほしいと思うはずです。
ところが、自分よりも下手くその初心者には、
逆に教えたくなるはずです。

その波動と実力が伴っていないと、
信用を失うこともあるかもしれませんが、
実力がつくことだけは確かです。

僕自身、それを実感したことがあります。

僕は中学生の頃は野球部でした。
沖縄の野球はレベルが高いので、
周りと比べて、僕は下手くそだと思っていました。

僕が下手くそだという波動を出しているので、
周りの反応は下手くそに対する反応でした。
意地悪な人は僕を馬鹿にしてからかい、
優しい人は僕に教えてくれるようになりました。

でもどんなに努力をして実力をアップさせても、
周りの僕に対する印象は、相変わらず「下手くそ」ですので、
レギュラーメンバーを選ぶときには、除外されていました。

実際に実力がなかったからではなく、
僕が出している「下手くそ波動」を
周りが受け取っていたからなのです。

その後、高校に進学した僕は、

野球部ではなくサッカー部に入部しました。

サッカーはまったくの初心者でした。にもかかわらず、僕は
「得点を決めてガッツポーズをしたい」という希望を持ち、
その想いだけで頑張っていました。

実力や状況はどうであれ、想うのは自由です。
僕は日々、ナイスシュートをして
ガッツポーズをしているイメージをしていました。

イメージだけではなく、ガッツポーズの練習もしていました。
よりカッコいいガッツポーズをするために、
ジャンプ力を身につけようと、ジャンプの練習までしていました。

実力とはまったく関係なく、僕の妄想の中の世界では、
いつでも僕が得点王だったのです。

すると、なぜか偶然が重なり、僕の実力は下手くそのまま、
上手くなるより先にレギュラーになってしまいました。

僕の出している波動は「得点王」ですので、
周りの人は僕が上手い選手だと期待して接します。
ところが、実力は伴っていませんので、
僕は散々、怒られながら、
仲間にはガッカリされながらですが、
着実に実力をつけていきました。

僕は得点王にはなれませんでしたが、

アシスト王にはなれました。

素人の僕が入部して三ヶ月でレギュラーになり、
アシスト王になったのは
奇跡と言えるのではないでしょうか？
独りよがりで喜んでいたら、奇跡が起こったのです。

当時は、何か知らんけどラッキー、ぐらいにしか
思っていませんでしたが、
今、思い起こせば、
自然と5次元的な生き方をしていたのです。

5次元的な生き方とは、目の前の実力を見るのではなく、
そうなりたいという自分の想いを見る生き方です。

状況や環境、事実がどうであれ、
自分の王国を喜んで妄想するのは自由なのです。

その自分の王国で、世界一になるのは簡単です。
自分しかいませんから……
こんな馬鹿みたいな独りよがりが、奇跡を起こすのです。

これは、外側にある多くの情報を元に創った王国ではなく、
外側とはまったく関係ない、
無条件で自分がこうしたいなぁという想いの王国です。

想いとは、情報なのです。

人は情報によって左右され、世界は情報によって創られます。

ですから、その情報を外側から取り入れるのではなく、
自分の内側から湧《わ》き出る情報で満たすことで、
オリジナルの自分にとって喜ばしい王国を創ることが可能なのです。

世界最古の陰謀論

世の中に出回っている陰謀論には、様々な種類があります。
そして、いろんな説があり、
どれが正しいのかを解明しようとすると、
それだけで一生を費やしてしまいそうです。

すべての陰謀論が一致していればわかりやすいのですが、

陰謀論者によって観点が違うので
意見が矛盾しているように思える部分もあります。

ですから、すべての陰謀論者の意見を情報として受け止め、
妄信するのではなく、自分の世界を創る材料にすることで、
スッキリ整理ができると思います。

迷うのは、目的を見失うからです。

「自分が平和で豊かに暮らすことができる、自分の王国を創る」
という目的で動くのならば、
自分の王国に必要な情報だけを受け取ればいいのです。

冷蔵庫に豊富に食材があるとします。

何を作るのか、料理の目的がわかれば、使う材料も決まってきます。
目的があり、材料があって、道具が揃《そろ》えば料理ができます。
食べる料理が違うように、目的は人それぞれに違っていいのです。

まず大きな目的からスタートします。
僕が思う人生の目的は、幸せを経験することです。

神の世界は、愛と調和、喜びや幸せしかない世界です。

幸せしかない世界では、何が幸せなのかわかりません。
幸せしかないので、不幸というのがないのです。

不幸がないので、すべて幸せなのですが、
どれが幸せということはわかりません。

幸せでないものがないから、幸せがわからない。
幸せは、不幸という相対するものがないと理解できないのです。
そこで神は、幸せをリアルに体感できる方法を発案しました。
それが、二元性の世界です。

二元性の世界とは、陰陽の世界です。

光と闇
白と黒
昼と夜
男と女
幸と不幸
自分と自分以外

この発明は神にとって画期的でした。

愛しかない世界に、愛以外が存在するというのです。
神しかいないのに、神ではないものが存在するのです。

どのような感覚なのか、神には想像もできない世界です。
経験したことがないのですから。

神はまず、自分以外の魂を生み出しました。
自分以外にたくさんの魂が存在することで、
自分が神だということをリアルに体験することができたのです。

たくさんの魂は神の分身ですが、二元性を楽しむために、

自分の他に
大いなる神の存在があるという認識をすることにしました。
大いなる神と魂は、親と子のように仲良くしていました。
魂は神の分身ですので、神と同じ「創造する力」がありました。
魂だけの世界では、初めは、愛と調和と喜びしかありませんでした。
あるとき、魂が叫びました。
「そうだ、愛と調和を経験するための世界を創ろう」
その提案に多くの魂が賛同しました。

魂の想いが爆発したのが、ビッグバンです。
そうやって、3次元の宇宙が創られました。

その3次元の宇宙を楽しむために創られたのが、「人」でした。
物理的な人の身体は神の乗り物となりました。

物理的な身体には、たくさんの制限がつけられました。
物理の法則に則《のっと》ってしか行動することができないのです。

物理として存在するための条件も必要でした。
空気や水などの物質です。

無条件、無制限の神の世界から、
制限だらけの条件つきで人の身体は完成しました。

それは、３次元の世界を楽しむために作られた制限でした。
３次元の制限は、すべて、楽しむために作られたルールなのです。

こうして、制限だらけの人という乗り物に乗って、
神は３次元の世界を楽しんでいました。

その神の遊び場の一つである地球にも、
地球型の人間という乗り物がありました。
そこはまさに楽園で、人間という乗り物に乗った神々が、
平和で豊かに暮らしていました。

世界中に存在する神話は、
その地域によってそれぞれの特色がありますが、

どこの国が神の発祥の地というのはないのです。
どこの国にも同時に神が存在したのです。
世界中で多くの神の分身が人間の身体に乗って存在したのです。
その神話は国によって違いますが、すべて正解なのです。

僕の生まれた沖縄も、もともとは琉球國という一つの国でした。
琉球にも古くから受け継がれてきた神話があります。
しかし、語り継がれてきた神話は、神の世界の最後の話なのです。
僕がここで話しているのは、最初の神の世界の話です。
語り継がれてきた神話よりも、もっと前の話です。

最初の神の世界のことを、
みるくぬゆ～（弥勒の世）と呼んでいます。

みるくぬゆ～の時代は、神が楽しんでいた時代です。

神の世界ではありえない物理的世界を堪能し、
毎日が平和で幸せでした。

みるくぬゆ～では、愛と調和に包まれて、
ただただ幸せで喜びの世界でした。

沖縄の言葉で、ゆいまーるの世界と言います。

しかし……
それでもまだ不十分でした。
神が経験したかったのは、
愛と調和、平和と幸せという経験でした。

愛と調和しかないみるくぬゆ〜では、
愛を認識することができませんでした。
愛も調和も、空気を吸うよりも当たり前の世界ですので、
感じようがないのです。

愛という言葉さえありませんでした。
なぜなら、愛以外にないから……

そこで、神の分身である魂たちは考えました。
愛や幸せを経験するためには、
そうではない状況を創る必要があると気づきました。

開いた手は、開くことができません。

開いているから……

開いた手を開くためにはどうしたらよいでしょうか？

それはとても単純です。

いったん、握ればよいのです。

手を握りしめることで、再び開くことができます。

それに気がついた神々は、

いったん、手を握るということを始めます。

つまり、平和で豊かな、ゆいまーるの世界から、

いったん、争いの世界を創り始めたのです。

みるくぬゆ～（弥勒の世）
から
いくさぬゆ～（戦の世）
へ

そして、見事に成功しました。

今の世の中は、神々の陰謀の結果なのです。

そして、これからが本番です。
完全にいくさぬゆ～（戦の世）になったところから、
今度は再び、
みるくぬゆ～（弥勒の世）へと戻り始めるのです。

握りしめたものを手放していく時代なのです。
いったん握りしめた手を大きく開いたときに、
もともとそうだった神の世界を経験するのです。

今は、まさに折り返し地点です。
この折り返しが、メインイベントなのです。

リアルに経験できるのは、この時期だけです。
これから数千年後には語り継がれるであろう、
歴史的な瞬間なのです。

そして、神々が本当に経験したかった、
愛と調和の平和で豊かな幸せを
リアルに経験できるのです。

宇宙のビッグバンは、神々の陰謀なのです。

宇宙は今、その折り返しの時期であり、これから、
いくさぬゆ～（戦の世）から、みるくぬゆ～（弥勒の世）へ、
そして、かみぬゆ～（神の世）へと戻っていくのです。

これが、僕が生まれた沖縄、琉球國の神話であり、
世界最古の陰謀論なのです。

本当の支配者

陰謀論には、世の中はピラミッド構造になっていて、

一般庶民を支配している支配者がいるという前提があります。

支配者というと、
悪の根源みたいなイメージだったのではないでしょうか？
人間の邪悪な欲望のために支配者層があって、
その支配者に支配されている我々一般庶民がいると思うと、
なんだか嫌な気分ですよね。

しかし、先ほどお話しした陰謀論では、支配者は神なのです。

今の世界があるのが最終的に神々の陰謀だとしたら、
支配者は神だということになります。

そして、神とは我々のことなのです。

神が神を経験するために、大いなる神と魂に分かれただけで、
我々が大いなる神だと思っている存在も我々自身も、
もともとは同じ神なのです。

神と我々は陰と陽であり、コインの裏と表なのです。

神がいなければ我々は存在できません。
そして、我々がいなければ神も存在できないのです。

もっと単純にわかりやすく言うと、
僕が、神ではなく人間という存在でいることで、
もう一人の僕は神という経験をすることができるのです。

つまり、僕が神だと思っている存在は、もう一人の僕なのです。

パラレルワールドは並行世界という表現の仕方をします。
並行世界とは、同時進行している世界です。
神ではない僕と、神である僕が同時に存在するわけです。

これを細かく分析すると面白いことがわかります。

単純に二種類に分けると、
幸せを経験するためには、不幸が必要です。
つまり、幸せな自分と不幸な自分が同時に存在するのです。

自分をコインの裏表と思って、
いろんなことを想像してみてください。

今、病気で苦しんでいるとしたら、
そのコインの裏側は、健康な自分です。
貧しい生活をしているのならば、
そのコインの裏側は富裕層かもしれません。

いくつもの自分の裏側の世界があり、
同時に進行しているのです。

つまり、パラレルワールドは、
裏表の組み合わせで無限のパターンがあり、
何もない自分も
健康で経済にも恵まれ、家族にも恵まれている自分も
同時に存在するということです。

コインの裏表、どちらも自分です。
今、喜びに満ち溢《あふ》れて幸せに生きているのならば、
裏側では悲しみとともに不幸を味わっている自分もいます。
その自分のおかげで、幸せを経験できている自分がいるのです。

そしてもし今、不幸の真っ只中にいるとしたら、
裏側では自分が幸せを経験できている証《あかし》ということになる……

僕はこのことに気がついたとき、正直、悔しいと思いました。

パラレルワールドにたくさんの自分がいるのなら、
最高の幸せを経験している自分がいい！
素直にそう思いました。

同じ自分なら、
別のパラレルワールドの自分と入れ替わることは
できないのでしょうか？

自分で自分の運命を選ぶことはできないのでしょうか。

［裏篇］

運命の支配者になる

運命の支配者とは？

［表篇］では、世界は情報で創られていると言いました。
そして、その情報は自分が選ぶことができると言いました。
自分が情報を選んで自分の国を創ることで、
自分が運命の支配者になることができるのです。

運命の支配者になるって、どういうことでしょうか？

今までは、人は運命に支配されていたので、
その人の人生はその人の運命次第だと思われていました。
運命とは、生まれる前から決まっていると思われてきました。

どんなに努力したって、運命には逆らえない。

地球人の誰もがそう思い込んでいます。

ですから、僕が言っていることは、まるで天動説が主流のときに、地動説を唱《とな》えているようなものです。

いつかは僕の言っている、
運命は自分が支配するものという説が主流になる時代がくるかもしれません。
でもそれまでは、僕の説は異端です。
ですからこれからする話は鵜呑《うの》みにするのではなく、
「もしもそうだったらいいなぁ」
というくらいに、軽く流してください。

運命とは何なのか？

誰が運命を決めるのか？

いつから運命は決まっているのか？

これらのことを僕の仮説を交えながら説明したいと思います。

まず世間一般的には、運命は生まれる前から決まっていて、
その運命を決めるのは神様だ、と思っている人が
多いのではないでしょうか？

それを運命は自分が決めるものと言うと、
では何も決めていない人には

運命はないのかということになります。
でも僕はそんな極論を言いたいわけではありません。

もちろん、人にはそれぞれにその人の運命があると思っています。
そして、生まれる前に運命を決めたのは神様ですが、
その神様とは自分のことだと僕は言いたいのです。

つまり、神様としての僕が、
人間としての僕の運命を決めて生まれてきたのです。
そして、神様としての僕も人間としての僕も同じ自分なのです。

しかも、神の世界は壮大ですので、
人間としての僕には予想もつかないこともやってのけています。

人間としての僕は一人だけではなく無数にいるのです。
そして、その無数にいる僕の運命も無数にあるのです。
つまり、神としての僕に対して、
いろんなパターンの人間の僕が同時に存在するのです。

同時に違う運命の人生を歩んでいる僕の世界が無数にあるのです。
その無数にある世界がパラレルワールドなのです。
そして、無数にあるパラレルワールドの
僕の運命が記録されているのが、
アカシックレコードなのです。

そのアカシックレコードに記録されている情報が、
その世界での僕の運命です。
その運命の支配者になるとはどういう意味でしょうか？

［裏篇］では、
アカシックレコードとパラレルワールドの仮説を交えながら、
どうやって自分が運命の支配者になるのかを解説していきます。

宇宙万象幸王が今

アカシックとはサンスクリット語で「虚空」を意味する
「アカーシャ」からきていて、
宇宙の記録というのがアカシックレコードです。
記録というのは、つまり情報です。アカシックレコードには、
過去の情報だけでなく、未来の情報もすでに収録されているのです。

レコードといえば、僕の時代の人には馴染みのあるレコード盤です。
レコード盤の上に針を下ろすと、
レコード盤が回り外側から順番に曲が流れ、
内側に進んでいきます。

今、三曲目の歌が流れているとします。
それは、「現在」、針があるところです。
しかし、何分か前の「過去」には、
一曲目の歌が流れていたはずです。
そして、二十五分後の「未来」には、違う歌が流れるはずです。

レコード盤には、もともと、いくつもの曲が収録されています。
今、聞いている曲を「現在」だとすれば、
「過去」の一曲目から「未来」の終わりの曲まで、

すでにレコード盤の中に入っています。
どこに針を置くかで「現在」が決まりますが、
「過去」も「未来」もすでに決まっているということになります。

レコード盤が回るときは、
今、聴いている曲以外も、同時に回っています。
つまり、現在も未来も過去も同時に回っています。
針を手で持ち上げて移動すると、一瞬で
二十五分後にかかるであろう「未来」の曲に
ワープすることができます。

アカシックレコードも、それと同じなのです。
つまり、未来にワープすることで、未来の情報を見ることができる。
それをやっているのが、世の中に存在する予言者の方たちなのです。

また、世の中の偉大な発明をした人たちにも、
このアカシックレコードにアクセスすることで、
発明のヒントを得た人がいるのではないでしょうか？

そして、「現在」という時間は流れていきます。
今、こうして文字を書いているうちに、
ドンドン過去になっていきます。
未来のことはまだ書いていませんが、
文字を書いた時点でその文字は過去の産物になっていきます。

つまり、「今」というものは掴みどころがありません。
一瞬一瞬が「今」ですが、同時に「過去」になっていきます。

結局、レコードは過去から未来に流れているだけです。

生まれてから今まで、その流れの中で生きてきたと思ってください。

もし、上から
アカシックレコードを眺めているとしたらどうでしょうか？
今まで生きてきた中で、本人にとっては、
痛い経験も苦い経験も楽しい経験もあったと思います。
その一つ一つの経験が曲としてレコード盤に収録されていて、
順番に流れているだけです。

当事者としては、
今、とてもつらい経験の真っ只中の人もいるかもしれません。
また、物凄くハッピーで喜びに満ち溢れている人もいるでしょう。

それを上から眺めているとしたら……

たぶん、順調に針が進んでいるだけですよね。
収録された順に、次々と新しい曲が流れていきます。

つまり……
人は誰でも順調なのです。

例えば、マイケル・ジャクソンのレコードを買ったのに、
間違ってマドンナの曲が入っていたら、それは問題です。
あなたのアカシックレコードに、
違う人の人生が入っていたら大変です。

でも、市販のレコードに
間違って収録されることはありえないように、
アカシックレコードにもそんなイレギュラーはないのです。

あなたが生まれた時点で、
あなたの人生が収録されたアカシックレコードの出発点に
針が置かれたということです。
後は、最後の曲までレコードは回り続けるのです。

さて、あなたのレコードはどんな流れになっていくのでしょう。

今は、どんな曲が流れていますか？
バラードですか？
ハードロックですか？
クラシックですか？
それとも、ラップ？

人それぞれにいろんな曲があると思いますが、
悲しい曲も、痛い曲も、苦しい曲も、
それを楽しんだらいいのではないでしょうか？

えっ？

それじゃツマラナイ？
絶対にイヤ？
自分の好きな曲に変えたい？
そう思いましたか？

いや、思ってない？

いやいや

思ってなくても、思ってください。
僕がこの本を書いたのは、そう思っていただくためですよ（笑）。

それじゃ、まるで生まれたときから運命が決まっていて、
自分がどうなるのかさえ自分では決められず、
決まったレールの上を走るしかないじゃないか！

って、思いませんか？

「運命だから仕方がないよ」
って、諦めるんですか？

僕は人生を諦めてほしくてこんな本を書いたのではありません。

「人間万事塞翁が馬《じんかんばんじさいおううま》」

確かに上からアカシックレコードを眺めていたら、
ただ収録された曲が流れているだけ。
起こることに一喜一憂するのではなく、すべて受け入れて
冷静に眺めて心穏やかに過ごそう

となるかもしれませんが、
それはあくまでも昔の3次元の世界の偉人の言葉です。

今は5次元です。
5次元には5次元のスタイルがあります。

僕が作った造語が

「宇宙万象幸王《うちゅうばんしょうさいおう》が今《いま》」

です。

「宇宙で起こることは、すべて自分が王となることで今から幸せを作ることができる」

という意味です。

今までの古い地球、3次元の世界では、
確かに運命には逆らえなかったのかもしれません。
しかし、今は新しい地球、5次元の世界です。
運命に逆らう必要もありません。

5次元は、自分が運命を支配する世界なのです。
運命の家来ではなく、運命を操る存在です。

既存の運命に流されるのではなく、
自分が運命を創造する世界が5次元なのです。

運命に使われるのではなく、
運命を使う側になることができるのです。

運命を創造するとは？
アカシックレコードの内容を書き換えればいいのでしょうか？

しかし、レコードの内容を書き換えるなんて、レコード製造会社に行かなければ無理ですよね。
そんな複雑なことはしません。

では、どうやって、もともと書き込まれているアカシックレコードの運命の支配者になればいいのでしょうか？

パラレルワールドとアカシックレコード

運命とは命を運ぶと書きます。
誰が運ぶのでしょうか？

自分、ですよね。

自分しか自分の命は運べないというのが真実なのです。
つまり、運命とは自分次第なのです。

「人は大いなる存在、見えない力に
生かされているのだから、感謝すべき」
と言う人もいます。
もちろん、そのとおりです。

自分で意識をしなくても、心臓は常に働き続けています。
人間の誕生は神の領域です。
これは間違いありません。

人間は神様が複製として創造され、
さらに自ら創造する力を与えられました。

つまり神の分身という形で、人間の姿で創造された神
それが人間なのです。

その力を発揮して、人間は古代から様々なものを創造してきました。
まさに創造主なのです。

宇宙創造が始まって以来のすべての情報が詰まっているのが
アカシックレコードです。
今までの概念で言うと、その一枚のレコードに
すべての情報が入っていると思われていたのかもしれません。

しかし、それは一つの宇宙の話です。

そのレコードが何枚も無限にあるとしたらどうでしょうか？
神は人間の想像をはるかに超えていると思いませんか？

それで出てきたもう一つの仮説
それがパラレルワールドです。

今ある宇宙と並行して、
まったく違う世界の宇宙があるという仮説です。
アカシックレコードやパラレルワールドは、仮説です。
それを科学的に証明しようと頑張っている科学者もいますが、
僕は仮説でしか話をしていませんので、
そのつもりで楽しんでください。

人間は古代から様々なものを発明という形で創造してきましたが、

初めはみな仮説なのです。
それを現実化させてきたのが人間なのですが、
それこそ
無から何かを生み出した創造主のなせる業ではないでしょうか？

発明者は、ないものを見る能力があります。
その見たものを現実に作り出すために研究をします。

見たということは、すでに在るということです。
それはアカシックレコードで未来の情報を見たのかもしれません。
その時代にないものかもしれませんが、
アカシックレコードの中にはすでに在るのです。
つまり、僕が見た情報も
すでにアカシックレコードにあるのだと思っています。

だから、証拠は出せませんが、
いつかはきっと常識になってくることだと僕は思っています。

僕が見た情報
それが、アカシックレコードとパラレルワールドの関係性です。

「一枚のアカシックレコードにある情報」
それが「運命」だとしたら、人は結局、自分次第ではなく、
運命次第、アカシックレコード次第ということになってしまいます。

しかし、すべて、全て、スベテ

世の中すべて、自分次第なのです。

自分の肉体や頭、感情だけでなく、
運命さえも自分次第なのです。

運命さえも自分次第ですが、
僕は、情報がすでに決まっている
アカシックレコードの存在も信じています。

だとしたら、この矛盾はどうなるのか？

そこにパラレルワールドが加わって、完璧になったのです。
僕は単純に、アカシックレコードは一枚だと思っていたから、
矛盾していたのです。

なるほど！

アカシックレコードは、星の数ほどあるのです。

その中で、今、一枚のアカシックレコードの世界を生きている。
同時に別のアカシックレコードの世界で生きている自分もいます。

それが、パラレルワールドなのです。

僕は今、ここでこの本を書いていますが、今、違う場所で
違う本を書いている自分もどこかに存在します。
本を書いていない自分も存在します。

「あのとき、行動していればよかったなぁ」
と後悔している自分もいるかもしれません。

あるいは、
「あのとき、動いてよかったなぁ」
と喜びの中にいる自分もいるかもしれません。

たくさんの自分が、たくさんのパラレルワールドで存在するのです。
パラレルワールドとはいくつも存在する、
違うアカシックレコードの人生のことなのです。

しかし、どのパラレルワールドでも共通するのが、
今、いるのがどんな状況だとしても
アカシックレコードの流れに乗っているだけであり、
順調な人生を歩んでいるのだということです。

パラレルワールドという形で、

いくつもアカシックレコードがあるとして、
今いるアカシックレコードから
違うアカシックレコードに乗り換えることができるとしたら？

実は、人は常にアカシックレコードをハシゴして生きています。
ずっと同じ一枚のアカシックレコードの上で
生きているわけではないのです。

人生にはいろんな転機があります。
そのたびに、違うアカシックレコードに乗り換えているのです。

しかし、その最初のアカシックレコードから
自分が消えるわけではありません。
その人生の転機で別の選択をした自分、つまり、

アカシックレコードを乗り換えずに
そのままの人生を生きている自分もいます。

それが、パラレルワールドなのです。

「あのとき、ああしていれば、
今頃は悠々自適の生活をしていたかもしれない」
などと後悔したことはありませんか？

それが、人生の転機で行動に移さなかった自分の典型です。

なぜ、そんな後悔をするのか？

同じ転機で上手く乗り換えて、素晴らしい人生を送っている自分が別のパラレルワールドに存在するからです。

逆に
「あのときの判断は間違っていなかったなぁ」
と思う自分もいますよね。
それは別のパラレルワールドで後悔している自分がいるからです。

すなわち、人生の選択の数だけパラレルワールドがあり、
その数だけの自分がいるのです。

「人生は常に選択」
ということを本に書いている人もいます。

その選択で、自分の人生のパラレルワールドが決まるからです。

その選択を自分で自由に選ぶことで
自分が運命の支配者になれるのです。

選択を超える選択

「主人公は選択したのではなく、彼女のことを想っただけだった……」

冒頭、意味不明の言葉からスタートします。
意味はわからないかもしれませんが、これは一つの答えです。

人生は選択の連続だ！

どこかで聞いたことありませんか？

人は生きている限り、必ず選択する場面に向き合うときがあります。
しかし、大げさなことではなく、細かいことなら
毎日が選択の連続です。

「ランチは、ハンバーグにしようか、カレーにしようか？」
「洗濯を先にするか、夕飯の買い物が先か？」
「電車に乗る位置はどこがいいか？」
「今日の服は何色がいいか？」

などなど、
その日の気分や、スムーズにいく方法などを考えながら
選択しています。

何気なく無意識にやっている選択と、
人生に大きな影響を及ぼす大きな選択があります。
大きな選択といえば、
例えば会社の就職や引越し、結婚などでしょうか？

人生を左右することだから、慎重に考えるはずです。
その選択次第で自分の人生も変わると思っていますので、
慎重に考え決意するのですよね。

しかし、選択で迷ったときに、ほとんどの人が頼りにするのが、
「頭」の考えです。
「頭」でイメージし、どれが自分に最適なのかを考えます。

「これならきっと上手くいく！」
という考えが浮かんだら決定するのです。

「頭」で考えずに直感を使え
ということを勧める考え方もありますが……

それでもやはり、選択とは「頭」でするものなのです。

どの選択をしたにしろ「頭」の世界での選択であり
どちらを選んでも
小さな「頭」の世界から抜け出すことはできないのです。

？？？？？

ハテナマークが山ほど出てきたのではないでしょうか？

僕の今までの書き方だと、いかにより良い選択をするのか
その方法を教えるような感じですよね。

はい、そのように書きました。
そして、より良い選択の仕方を教えますよ。

それは、「選択しない選択」です。

ある映画の話をします。冒頭の
「主人公は選択したのではなく、彼女のことを想っただけだった……」
という言葉は、
この映画の中にあるワンシーンを解説した言葉です。

主人公がコンピューターの中に入り込み、
ある男と対話しているシーンです。
そこには無数のモニターがあり、
様々な選択をした主人公の姿が無数に映し出されています。
そのモニター自体が、パラレルワールドを表しています。

そこで、男は主人公に選択を迫ります。

「右のドアを出て行けば、世界を救える。
しかし、お前の彼女は死ぬ。
左のドアを出て行けば、彼女を救える。
その代わり世界は破滅する。
さぁ、どちらを選ぶかね？」

主人公は迷わずに左のドアを出て行きます。

「ふっ、愛か？」

男は鼻で笑います。

しかし、主人公は戸惑うことなく左のドアを出て行きました。

なぜ、主人公は左のドアを出て行ったのでしょうか？

世界など、どうでもよかったのでしょうか？

左のドアを出た後、主人公は彼女を救いました。

それだけではなく、世界も救うことに成功します。

「彼女を救えば世界は救えない」という、

この世のプログラムを操っていた男の言葉どおりには
ならなかったのです。

どうしてだと思いますか？

「愛の力は偉大」
だからでしょうか？

そんな単純なことではありません。
もっと単純なことです（笑）。

これが、冒頭の答えです。

「主人公は選択したのではなく、彼女のことを想っただけだった……」

主人公は選択したのではなく、
彼女を救いたいと想っていただけです。
そして、世界を救うと決めていただけです。

右のドアを出て行けば、世界を救える。しかし彼女は死ぬ。
左のドアを出て行けば、彼女を救える。しかし世界は破滅する。

世界か、彼女か。選択を迫られると、
どちらかを選択しないといけないと考えてしまうのは、
人間の頭のクセなのです。

そして、一方を選択したら
もう一方は捨てないといけないと考えるのが

頭の二元論の考え方なのです。

想いは、一元論です。

想いのみ
なのです。

どちらかではなく、想いがあるものすべてを選んでいいのです。
想いがなければ、選ばなくてもいいのです。
どちらかではなく、想いがあるかないかなのです。

つまり、主人公は彼女を救いたい一心でとっさに動いたのであって、
男の言うような選択をしたわけではないのです。
選択自体を、していないのです。

ですから、世界を捨てて彼女を救ったのではなく、
彼女を救いたい想いだけで彼女を救い、
世界を救いたい想いだけで世界を救ったのです。

主人公は、あのコンピューターの情報にない世界を
自分の想いで創ったのです。

アカシックレコードを乗り換えるコツ
それが「想い」なのです。

5次元のアカシックレコード

今まで、アカシックレコードと
パラレルワールドについて書いてきましたが、
興味を持たれたでしょうか？

で？
と思ったでしょうか？

僕は後者です（笑）。

「なるほど～」

と頭で納得して満足するかもしれませんが、それで終わったら

「だから何？」

と思いませんか？

僕は思います。

今まで散々、自己探求や宇宙の真理などを学んできて、
頭は大満足です。
それを書くだけで、喜んでくれる人もたくさんいます。

しかし……

頭の満足だけで終わったら、意味がな――い！

以前は、頭が満足するだけでは終わらない、
現実を変えられる答えがあると思っていました。
けれども、どんなにたくさん本を読んでも
答えは見つかりませんでした。
その答えを探して、
あるセミナーに夢中になっていた時期もありました。
しかし、答えどころか、ますます迷路にハマっていきました。

結局、答えは外側にはないということがわかっただけでした。

それで、僕は外側に答えを探すのではなく、
自分の内側から答えを引き出すことに取り組みました。

そして繋《つな》がったのです。

そう、僕は誰かの教えではなく、今、
直接アカシックレコードと繋がって本を書いているのです。

答えはすべて自分の中にあります。
それは、自分の中心が
アカシックレコードと繋がる唯一の入り口だからです。
そして、5次元的なアカシックレコードの活用法を発見しました。

今までの3次元的な考え方だと、
アカシックレコードにアクセスして
自分の知りたい情報を引き出し、
迷っていることや悩んでいることに答えを出す。
あるいは、情報を先取りすることで災難から逃れ、自分の身を守る。

ビジネスに役立てられることもあるでしょう。
いずれにしろ、占い師や予言者みたいな人から、
未来の情報を受け取るイメージですよね。

しかし、僕は5次元のアカシックレコードと
パラレルワールドの活用法を発見したのです。

かなり高確率の予言者でも当たらなかったりするのは
どうしてだかわかりますか？

それは、3次元的な発想で、
今あるアカシックレコードからのみ情報を得ているからです。

予言者の方は必ず言います。

「この予言は、必ずそうなるということではなく
今のままだとそうなるということで、
今、何かをすることで、未来は変えられます」

そのとおりなのです。

予言者が言うように、
アカシックレコードに書かれている情報はすでに決まっています。
アカシックレコードを読めば、
これから起こることの情報がわかります。

そしてその情報を受け取っただけで
未来に起こることを変えようと思えば、

人間の意志で変えられるのです。

しかし、それは今いるアカシックレコードの
情報そのものを変えるのではありません。

アカシックレコードそのものを乗り換えるのです。

ですから、アカシックレコードの情報を聞いて
その後、起こることが変わったとしても、
予言者の言ったことが外れたのではなく
別のアカシックレコードに乗り換えただけで
予言者が見た未来の世界も別のアカシックレコードも
同時に存在しているのです。

以前は、二十世紀末に地球が絶滅すると言われていましたが、
今、現に地球はあります。

それは予言が外れたのではなく、今の地球にいる人たちが
アカシックレコードを乗り換えただけです。
別のパラレルワールドでは、絶滅した地球もあるのです。

陰謀論者たちが言っている情報も、
あるアカシックレコードの情報を先取りしたのかもしれません。
そのアカシックレコードでは、陰謀論者が見たとおりの世界に
なっていくのかもしれません。

また、地球が次元上昇して5次元になるという話もそうです。
数年前までは、地球が次元上昇するから

人間も意識を高めて次元上昇しないと
地球と一緒に5次元にはなれないと言われていました。
その時期になると、ふるいにかけられて
淘汰されるとまで言われていました。

しかし、三年前に地球は5次元になりました。
すなわち、今、この本を読んでいる人は
間違いなく5次元になっているのです。

いつの間にかアカシックレコードを乗り換えているのです。
だから、無条件で喜んでいいのです。

そして、すでに三年が過ぎています。
ですから、すでに5次元になっているという前提で、アカシックレコードとパラレルワールドのことを書いています。

昔、流行った
「〇〇を百倍楽しむ方法」みたいな感じで
５次元を百倍楽しむ方法
それが、僕が提案したい、アカシックレコードの活用法なのです。

どうせ、何もしなくても５次元です。
５次元は想いの世界です。

しかし、５次元とは完全に自分次第なのです。
誰かが幸せを運んでくれるのではなく、
自分が自分らしい幸せを創造するのです。

5次元になったからといって、
みんながみんな超能力者になるわけではありません。
他人に自慢するためではなく、自分が自分の幸せのために
能力を発揮できる世界なのです。

その世界で、より楽しむためのツール
それが僕が提案している、アカシックレコードの乗り換えです。

5次元になったからといって、物理的には何も変わりません。
出来事も今までのように起こることは起こるのです。

しかし、その出来事をどのように認識するのか?
この認識は、自分で変えられます。

認識が変われば、感情も変わります。
感情が変われば、想いも変わります。
想いが変われば、あなたの未来も変わります。
それがわかれば過去も変わります。

過去は変えられないと思いますか？
変えられますよ。

過去を変えるとは……

トラウマの創造

いよいよ核心に迫ります。

アカシックレコードを乗り換えるためにはどうすればいいのか？

過去、現在、未来は一直線に並んでいると仮定してみてください。

ＳＦ映画などでは、タイムスリップして過去の出来事を変えると、
現在の自分が変わっていたりします。

過去の出来事を変えたあとに現在に戻ったら、
ボロ屋のアパートに住んでいたはずの自分が、大富豪になっていて
大きな屋敷に住んでいたりとか
ありえないような話が面白いのですよね。

でも、実際には、
そんな夢物語のようなことは起こりません。

変わるのは未来です。
そして、変えることができるのは、過去です。

一直線上にある過去、現在、未来は
今、生きているアカシックレコードです。
過去も未来も、すでに決まっています。

「今、行動することで未来が変わる」
と言う人もいますが、それは
そのアカシックレコードの情報が変わるのではなく、
アカシックレコードを乗り換えるということなのです。
アカシックレコードそのものを乗り換えるので、

過去と現在がそのままで、未来だけ変わったりはしません。

未来が変わるなら、過去も変わるのです。
過去と未来は同時に変わるのです。

過去は変えられるのか？　と聞かれることがありますが、

過去は変えられます。

しかし、そう言うと
「もう終わってしまった出来事は変えられないじゃないか」
という反論がきます。

出来事は変えられないと言いますが、経験した出来事をそのまま記憶している人は世の中にいるでしょうか？

人の頭はある出来事を
違う出来事に置き換えて記憶しています。
出来事を自分の都合のいいように記憶しているのです。

トラウマとかインナーチャイルドという言葉を使って、
自分の都合がいいように、無意識に記憶をすり替えてしまいます。
なかったことを本当にあったかのように記憶をすり替えて、
そのすり替えた記憶を真実のように信じてしまうのです。

そうなると
「もう昔のことは手放して、今から新しい人生を創っていこう」
という励ましの言葉も、焼け石に水です。

どんなに気持ちを切り替えても、事実は消えない。
と思っている人は多いのですが、
はたしてそれが事実かどうか疑問です。

歴史は、誰かの都合のいいように作られたのであって、
それが事実かは誰にもわかりません。
残っている人の都合に合わせて作られたのが歴史の教科書なのです。

あなたの歴史は、あなたの都合のいいように作られた歴史なのです。
これは特別なことではなく、すべての人がやっていることです。

ある出来事が起こると、そこにその人特有の感情が生まれます。
人が記憶しているのは、感情なのです。

感情は、決して消えることはありません。

何十年も昔のことを思い出すだけで、
そのときの感情も鮮明に思い出します。
まるで現在起こっているかのごとく、
新鮮に感情が込み上げてくるのです。

幼い頃の悲しい感情や淋しかった感情……

これらが、トラウマと呼ばれているものです。
トラウマになるくらい、悲しい感情を持ったということです。

しかし、大抵の人はその出来事の真相を知らないまま、
自分の悲しい感情だけを握りしめています。

その感情は、その出来事のせいだと思い込んでいるのです。

その出来事のせいで自分は悲しくなったと思い込んでいますので、その出来事と似たような状況を避けるようになります。

それがトラウマの正体です。

とても些細《ささい》なことがトラウマになったりすることもあります。
例えば、お母さんが子どもを寝かしつけていたとします。
子どもがウトウトし始めた頃、
チャイムが鳴り宅配便が届いたとします。
子どもはチャイムの音に反応しましたが、また寝てしまったので、
お母さんは安心して玄関に向かいます。
ハンコを押して荷物を受け取ったのですが、いつもの配達員なので
ついついおしゃべりをしてしまいます。

といっても、ほんの三分くらいのおしゃべりで
配達員は帰って行きました。

しかし……

お母さんが玄関に向かったあと、子どもは目を覚まし、
お母さんを探しますが
見当たらないのでグズグズ泣き始めます。
配達員がドアを閉めたあと、部屋の方から
子どもの大きな泣き声が聞こえ、
慌てて部屋に戻ります。
「はいはい、ごめんね、お母さんはここにいますよ～」
と言って、お母さんは子どもをあやします。

お母さんにとっては、これくらい日常茶飯事でいつものことなので気にも留めません。
しかし、その子どもは、なぜかそのとき無性に淋しさを覚え、その感情が記憶に残ります。

やがて、その些細な出来事が
「母親に置き去りにされた私」
という記憶に変化します。

そして、
「大好きな人に置き去りにされる私」というトラウマに変化し、
人間不信になってしまったりします。

さらに、
「置き去りにされて嫌な思いをするくらいなら、恋愛なんかしない」
と発展したりするのです。

「そんなバカな」
と思いますか？

トラウマになるくらいだから、
もっと大きな事件があったと思うかもしれませんね。

確かに、大きな事件に巻き込まれた経験から
トラウマになっている人もいるかもしれません。
しかし、ほとんどのトラウマは
ちょっとした誤解から大きな傷になり、

その傷になるまでのストーリーを自分の都合のいいように作り替えて、記憶に残している場合が多いのです。

多かれ少なかれ、人は記憶を捏造《ねつぞう》しています。
しかし、それが悪いことだとは言いません。

ただ、記憶は捏造できるということを知ってほしいのです。
記憶が捏造できるのですから、
過去の出来事というものは、とても曖昧《あいまい》なのです。
しかも、その捏造された過去の記憶によって、
人の運命が変わってくるのです。

運命とは、アカシックレコードのことです。

そうなのです。今のあなたは、
あなたが創り出した記憶に沿ったアカシックレコードを
生きているのです。

それは無意識に創られた記憶かもしれませんが、だとしたら、
意識的に記憶を創り上げることもできると思いませんか？

トラウマの話がしたいわけではありません。
今、いるアカシックレコードには
自分の記憶が影響しているということに気づいてほしいのです。
自分のドラマを創り上げるために記憶を捏造している。
捏造した記憶の上に、今の自分の人生のドラマがある。

つまり、自作自演で自分の◯◯劇場を創作しているのです。

そしてこれを受け入れるなら、
自由自在に自分の人生を創作し、
自分の運命を自由に操ることができるのです。

今までの人生にウンザリしているのなら、
このことを受け入れてください。

今までの人生の良かったことも悪かったことも
すべて自分のせいだという自己責任を受け入れたなら、
次のページへとお進みください。

未来が変われば、過去が変わる

過去を書き換える、過去を変える

それは出来事を変えるのではなく、
その出来事に対する認識を変えるということです。

楽しかった想い出は、楽しいままでいいですよね。

小学校のときの遠足
家族で行った旅行
学生時代の部活動

などなど、楽しい想い出はたくさんあると思います。

でも、それはその出来事が良いことだったから
楽しい想い出になっているのではありません。
あなたが楽しんだから、楽しい出来事として記憶しているのです。

中には、同じ出来事でも
嫌な想い出として記憶している人もいるはずです。

例えば、遠足のオヤツに不満があった。
みんなと楽しい時間を過ごしたにもかかわらず、
自分の好きなお菓子が入っていなかっただけで、
その遠足が台無しになり、

嫌な想い出になってしまうこともあります。

その出来事が悪いのではなく、お菓子の問題ですよね。
たかがお菓子、されどお菓子。
それ以来、遠足なんてつまらないという認識に変わっていたら
どう思いますか？
小学校の遠足のお菓子の問題なんて、
たいしたことないと思いますか？

でも、その認識がアカシックレコードを望まない方へ乗り換えさせ、
生涯に大きなトラブルを巻き起こしているとしたらどうですか？

それは、遠足の問題でもお菓子の問題でもなく、
その人が持った認識の問題なのです。

なぜ認識が大事なのか？
それは、引き寄せの法則に関わってくる問題だからです。
その認識が未来の出来事を引き寄せるのです。

「遠足なんてつまらない」という認識が、
本当につまらない出来事を引き寄せ
「やっぱり、もう遠足なんか行かない」と確信してしまうのです。

そして、何か楽しいイベントのたびに、
「また嫌な出来事が起こるんじゃないか？」と
未来に良くない想像をしては不安になり、
思ったとおりの出来事を引き寄せ

「人生なんてつまらない」という思いが定着し、
思ったとおり
つまらない人生を引き寄せてしまう悪循環にハマってしまいます。

これが俗に言う、負のスパイラルです。

「終わってしまった過去のことはしょうがないから、
忘れて次に進もう」
なんていう嘘《うそ》のポジティブは通用しません。

過去のことは忘れてしまいたいと思うかもしれませんが、
過去のことだからなおさら大切なのです。

なぜなら、過去も未来も現在も同時に存在するのですから……

一般的には過去の延長に現在があり、
現在の延長に未来があると思われています。

過去、現在、未来は一直線というイメージがあると思いますが、
先ほど、レコードのお話をしたように、
今、聴いている曲を「現在」だとしたら、
一曲目の「過去」も数曲後の「未来」も
同時に存在して、回っています。

でも、レコードごと替えてしまえば、一曲目も最後の曲も変わります。
現在と未来と過去は、同時に変わるのです。

もちろん、もう終わってしまった出来事は変えられません。

遠足のお菓子が
自分の好きなお菓子だったことにすることはできません。
しかし、その出来事を嫌な出来事という認識から、
楽しい出来事という認識に変えることはできます。

「今さらそんなことをしても、昔のことだからどうでもいいよ」
と思うかもしれませんが、
過去の認識を変えることは大事なことなのです。

なぜなら、認識こそが波動だからです。
どう思っているか、認識しているかが
波動であり、エネルギーだからです。
想いが、波動なのです。

今を創ったのは、過去です。
今の認識を変えることで、今の波動が変わります。
今の波動で過去を見たとき、過去の認識も変わります。

また、未来の出来事を引き寄せるのは今の波動なので
今の認識が変われば、過去も未来も変わるのです。

そして、それと同時に、未来の認識が今を創ります。

わたしたちは、未来にあることしか想像できません。
嫌な出来事が起こるんじゃないか、と思うことも
こうなったらいいな、と思うことも
どこかのパラレルワールドに存在することしか、想像はできないのです。

未来を想像したとき、その未来から今に向かって波動が流れてきます。
今の延長で不安な未来を想像するのか
最高バージョンの未来を想像するのか
未来をどう認識するのかで
未来から流れてくる波動が変わります。

未来から流れてくる波動が変われば、
今の波動が変わり、今の認識が変わります。

今の波動が変わり、今の認識が変われば過去が変わるので
未来が変われば、今も過去も同時に変わると言えます。

今が変われば過去が変わり、未来が変わる

未来を変えても今が変わり、過去も変わる

過去と現在と未来は、同時にぐるぐる回っているので
過去と現在と未来は、同時に変わるのです。

今の認識や波動を変えることもできますが
未来の認識は、最高バージョンの自分を見ることで
意図的に変えられます。
そうすれば、過去は勝手に変わっていきます。

最高バージョンの未来を想像し、
最高バージョンの波動を今、受け取って
今も未来も過去も同時に変えてしまうこと

これが、アカシックレコードを乗り換える、ということです。

もし、今、望まない認識で生きているなら、
今の認識のままでは、
負のスパイラルに巻き込まれた
アカシックレコードの未来しかきません。

どこかで人生の転機があり、いつかはアカシックレコードを乗り換えて、
負のスパイラルから抜け出すときがくるかもしれませんが、

僕が提唱しているのは、いつかを待つのではなく
自分の意志でアカシックレコードを乗り換えて、
楽しい人生を手に入れようというものです。

僕はそれを偶然にやった経験があります。

それまで深刻に悩んでストレスになっていたことが、
ある日、認識を変えただけでまったく別のものになったのです。
苦しくて避けたかったはずのことを、楽しみにするようになったのです。

その出来事とは……

悲劇から喜劇へ

今から二十年前、僕は山梨県の飲食業の会社に就職していました。
その会社で、宅配ピザの専門店の店長として就業することになりました。

その店は、店長以外はすべて学生のバイトを使っていました。
そのバイト生を使うのが店長なので、
店長はバイト生に教えることをすべて覚える必要がありました。

何ヶ月もかけてバイト生が覚えることを、
一週間で覚えなければなりません。
一ヶ月で、誰にも負けないくらい
完璧に業務をこなさなければなりません。
何年もいるベテランのバイト生には、
一ヶ月ではとうてい追いつきません。
それでも、何年もいるからわかってくるようなことを、
一ヶ月ですべて頭に詰め込まなければならないのです。

かなりハードな仕事でした。

何人ものバイト生のシフトを作って、
入れ替えで一日の業務をこなすのですが、
店長は朝から夜中まで店を見なければなりません。

その店長業務を教えるマネージャーがいました。
何店舗も掛け持ちで見ながら、
僕が所属する店で、つきっきりで教えてくれました。

しかし……
そのマネージャーは、会社では有名なスパルタなマネージャーでした。
趣味は筋トレで、いつも腕をまくしあげて筋肉を自慢していました。
何かミスをするとかなりの剣幕で怒りが飛んできます。
そして、ついには手が出るようになりました。

「お前、何回言ったらわかるんだ？」

頭の後ろから叩かれ、帽子が飛んでいく毎日でした。

ビクビクしながら、ピザ作りを覚えるのですが、あまりにも緊張して、やっちゃいけないことをついついやっちゃうのです。

かなりハードな重労働の上に、ピザの種類は五十種以上もあり、それを覚えるだけでも大変ですが、更にそれを実際に作る作業というのは、三十歳を過ぎた人間には至難の業でした。

毎日がパニックでした。

そして、ついに精神的にストレスが溜まってきた頃、

僕はストレスを発散しようと思い、久しぶりに酒でも呑みに行こうと、
一人で夜の繁華街に出かけました。

こぢんまりとした、優しそうなママさんがいるところを探して、
夜のスナックのドアを開けて回り、
ここだと思ったところに思い切って入りました。

「いらっしゃいませ」
優しそうなママさんが出迎えてくれ、カウンターに案内されます。

「ビールください」
普通にビールを注文し、
ママさんと社交的な会話をしたあと、仕事の話になり、
僕は愚痴を言い始めました。

お酒を呑んで愚痴を言うのは嫌いだったのですが、
そのときにはそうでもしないと、自分が壊れそうだったのです。

「ピザ屋さんって、大変じゃない？」

「そうなんですよ、大変なんですよ」

僕はここぞとばかりに、職場の不満、
マネージャーに対する不満をぶちまけました。

「ま、最初はしょうがないわよ。そのうち慣れてくるんじゃない？」

優しく慰めようとするママさん。

「イヤイヤ、いくら何でも殴らなくてもいいじゃないですか。

筋トレしてるからって、その筋肉を自慢したいだけなんですよ」
僕の愚痴は止まりませんでした。

そして……

「何回言ったらわかるんだって、
何回言われても間違うのは間違うんですよ、
僕は天然なんだから」
と言った途端、ママさんは大爆笑してしまったのです。
「お客さん最高！　自分で自分のことを天然って言う人は初めてだわ、
どんなことをやってマネージャーさんに怒られるの？」
深刻に悩みを告白していた僕は拍子抜けしてしまいました。

「え？　いや、実は昨日も……」
僕は、細かく状況を説明しました。
「いいか、ピザの基本、ソースは絶対に間違えるなよ。トッピングは後からでも入れ替えできるけど、ソースを間違えたらアウトだからな」
と言われ、次の瞬間に
パンッ
「今言ったばかりじゃねーか、何、間違えてるんだよ！」
と頭を叩かれます。

その話をすると

「ギャハハ、最高、ウケる、で他には？」
ママさんのバカ笑いが店中に響きました。

次から次に失敗談を話していくと、そのうち小さなスナックの店中のお客さんやホステスさんが僕の話に耳を傾け、店中が爆笑の渦になっていったのでした。

「お客さん、何かあったら、またここに話をしにきてね」
まるで芸人がきたかのように盛り上がった店をあとにしました。

その日、僕の認識が変わったのです。

それまでは、本当に鬼のようなマネージャーに苦しみ、毎日出勤するのが億劫《おっくう》でした。

しかし、それを話したら、あんなにバカ受けしたものだから、
気持ちが切り替わったのです。

頭を叩かれたときは痛いですが、これがあとからネタになると思うと、
どんどんネタ帳がたまって、話をするのが楽しみになったのでした。
それこそ、身体を張って笑いをとる芸人のような感じです。
毎日、生でコントをしているのですから……

そして、その経験は、遠い昔の過去までも変えてしまったのです。

僕の両親は、喧嘩の絶えない夫婦でした。
小さい頃から毎日が恐怖で、ビクビクしながら育ったのです。

しかし……

僕の経験した、ストレスになるほどの恐怖体験が、
鬼マネージャーと僕の
まるで漫才のボケ、ツッコミのように見えたときに、
僕の両親の喧嘩もコントに見えてきたのです。

些細なことから父親が声を荒らげ、大きな声で怒鳴る。
それに対して、抵抗する母親。
些細なこととは、母親の天然なところです。

刺身の醤油皿がない
と怒る父親。

「はい、皿」

とぶっきら棒に差し出した皿は、何とカレー皿。

「こんなので刺身が食えるかー！」

とマジ切れで皿を投げる父親。

その場は修羅場ですが、今考えると、これはコントでしょって思えます。

そして、それまで深刻に悩んでいた僕の人生がすべて、コントに変わったのでした。

そう、ドミノ倒しのようにすべての出来事の認識がコントに変わっていったのです。

僕の人生は、ウケ狙い

になったのでした。

今の認識が変わったおかげで、
未来に起こるどんなこともすべてネタだと思え
過去から引きずって歩いていた重たい荷物が、
宝物の軽い宝石箱に変わったのです。

重たい深刻劇場のアカシックレコードから、
楽しいウケ狙いのアカシックレコードに乗り換えたのでしょうね。

しかし、最近気がついたアカシックレコード
今度は、意図的に
もっと素晴らしいバージョンにアップした
アカシックレコードに乗り換えようと目論《もくろ》んでいます。

ポチッと！ 宇宙と繋がる瞑想法

運命
とは、命を運ぶことです。

時の流れが運命と思っていますよね

流れに逆らわないこと
偉人や覚醒者がよく言う言葉です。

だから、運命には逆らえない
という思い込みを持ち、結局、人生は自分次第ではなく運命次第だと思っている方も少なくないのではないでしょうか？

それらを否定する気は全くありません。
事実、そう言わざるをえないような人もいるからです。

大ざっぱに、宇宙の流れを一言で言いますと

「宇宙は、愛と調和の拡大化」

なのです。

つまり、流れとは愛と調和の拡がりのことです。

その流れが自分の好みと違うからといって、

自我の欲するままに行動しようとする人に対しては、
流れに逆らうなとか、運命には逆らえないという言葉が適切なのです。

そう、どうせ愛と調和の流れなのだから、
何も心配する必要はないのです。
それを教えるために、昔の賢者が残した言葉が

「人間万事塞翁が馬」

という言葉です。

「何が起こったって、将来どうなるかわからないよ」
という言葉のあとに

「どうせ愛なのだから」
と言いたかったのではないでしょうか？

つまり、もともとのアカシックレコードは、
愛と調和の流れだったはずなのです。

しかし、生きていく中で、いろんな観念や思い込みが混じり、
いつの間にか悪循環のアカシックレコードに
乗り換えてしまった人がほとんどなのです。

どんなに順風満帆にいっていても、どこかで足を踏み外してしまい、
天国から地獄へ落とされた人もいます。
悪循環のアカシックレコードに乗り換えてしまったのです。

また逆に、どこかで心を入れ替え、人生の大逆転を果たした人もいます。
愛と調和のアカシックレコードに乗り換えることができた人です。

しかし、この場合は違うアカシックレコードに乗り換えたというよりも、
元のアカシックレコードに戻ることができたと言ったほうが
いいのかもしれません。

ここで、認識を変えてほしいのですが、
人はもともと、愛と調和の生き物なのです。
そして、流れに逆らわなければ、
愛と調和の素晴らしいアカシックレコードの中で
幸せになっていたのです。

今のあなたは、本来のあなたではないのです。

本来のあなたは、愛と調和の素晴らしい人間なのです。

宇宙は愛と調和の拡張と言いました。
自分の意識を拡張することによって、
自分個人の意識から、宇宙全体の意識に繋がることができるのです。

すなわち「自分」というとき、
認識は「今の自分の身体、心、頭」などですが、
宇宙の意識と繋がると、「宇宙全体が自分」という認識に変わるのです。

その宇宙意識と繋がったあなたは、簡単に運命を操り、
アカシックレコードを自由に乗り換え、
素晴らしいパラレルワールドに住むことができます。

世の中では、宇宙が無限大で最高に大きなものという認識ですが、
その宇宙でさえ一つの世界に過ぎません。

宇宙は、いくつもあります。
パラレルワールドは同時にいくつも存在します。

数ある宇宙の中から、あなたはどの宇宙に住みたいのか？
それを決定するのが、あなたの中にある深層心理なのです。

過去の認識があなたの深層心理にあり、その深層心理によって、
人は無意識のうちに自分の人生を決定し、
それに見合った出来事を引き寄せています。

どんなに頭で、素晴らしい世界に住みたいと思っても、

深層心理では別の思いがあるので、
その思いが叶うようになっているのです。

深層心理を直接変えようとしても、人間の意識では届きません。
唯一の手立ては、深層心理の認識を変えることなのです。

僕は自己探求歴二十五年以上です。
その過程で、自分を笑えるようになったおかげで、
過去の認識を変えることができました。

しかし、今から自己探求していては遅いです。
もう5次元ですので、そんな長い道のりを通らなくても
もっと簡単に、もっと単純に認識を変え、
アカシックレコードを乗り換え、最大のバリエーションの中から

最高のバージョンの人生を生きることはできないか？

とっても単純な方法です。
今すぐに始めることができます。

その名も
「ポチッと！　宇宙と繫がる瞑想法」

瞑想と言っても、目をつぶって静かにする瞑想とは違います。
いつでもどこでも、通勤電車でも、
ショッピングを楽しんでいるときでも、
食事のときでもその場ですぐにできる瞑想です。

今までは、あなたの深層心理に左右された人生を全自動で歩んできました。

これからは、宇宙と繋がることで、
全自動で自分の幸せに繋がる生き方に変わる。
そんな瞑想法です。

アカシックレコードの乗り換え方

人は無意識に生きていると、今までの習慣のまま、
無意識に今までのアカシックレコードの延長を生きていくだけです。

でも習慣は変えられます。

習慣を変えようと「想う」ことで習慣は変えられるのです。
ここでの習慣を変えるとは、古い習慣をなくすという意味ではなく、
新しい習慣を身につけるという意味です。

そこで、まず最初のプログラムです。

1、今の自分の習慣を変えようと想うこと

これは、意識的にできることです。
この「想う」ことからスタートです。

そして次に、どのような習慣に変えるかです。

ですから、2番目に行うことは

2、今の自分に意識的になる

意識的に習慣を変えようと想い、
意識的に考え、行動する習慣を身につけます。

何を意識的に変えるのか？
それは

3、最高のバージョンの自分で考える習慣をつける

無意識に生きていると、人は今の自分に見合った考え方をし、
今の自分に見合った行動を取り、

今の自分に見合った願望を持つようになります。

また、ほとんどの人が今の自分を低く見積もっています。

「自分なんか、たいしたことない」

その、たいしたことないと思っている自分に合わせた考えをし、

行動を取り、

願望達成を夢見ているのです。

人生は自分が想像したとおりにしかなりません。

自分が自分のことを、たいしたことない人間だと思っているので

その自分にふさわしい人生を創造しているのです。

しかし、だからと言って、無理矢理に

自分を素晴らしいと思う努力をしても、
思えないのは思えないのです。
ではどうすればよいか？

今、自分がたいしたことないと思っている自分は放っておいてください。
放っておいていいのです。

今の自分にではなく、別な宇宙のどこかのパラレルワールドで
最高のバージョンを生きている自分に意識を合わせてください。
最高のバージョンを生きている自分なら、どう考えるだろうか？

と、考えてみるのです。

無意識に今の自分に見合った考え方をしているなと気づいたときに、
この最高のバージョンを生きている自分に
意識を切り替えればいいのです。

その習慣が身につけば、
無意識に最高のバージョンの自分で考える習慣が身につきます。

4、最高のバージョンの自分で行動する習慣をつける

最高のバージョンの自分に意識を向けたときに、
最高のバージョンの自分は
どのような行動をしているかをイメージしてください。
特別な行動ではなく、日常の何気ない行動のことです。

歩き方
座る姿勢
食事マナー

などなど、たいしたことないと思っている自分の
無意識の歩き方や座る姿勢を、
もしも最高のバージョンで生きていて、
最高のバージョンにふさわしい人たちと食事をしているとしたら？
という自分をイメージして、やってみるのです。

外国の偉い方
大会社の会長
または、有名な歌舞伎役者

などなど、自分が素晴らしいと思う方たちと
対等にお付き合いをしている自分は
どのような姿勢だろうと想像し、
意識的に歩き方や座る姿勢、食事の仕方などを変えてみるのです。

常にというのは難しいかもしれません。
でも、いつでもどこでも、気がついたときに、即実行することです。

例えば、仕事帰りの駅からの帰り道。
ふと、疲れて猫背になっている自分に気がついたら、背筋を伸ばし、
下を見ながら歩くのではなく、堂々と遠くを見ながら歩いてください。

食事のときに、ガツガツと食べている自分に気がついたら、
ゆっくりと姿勢を正し、

よく咀嚼《そしゃく》をして食べるようにしましょう。

これがいつでもどこでもできる、

「ポチッと！　宇宙と繫がる瞑想法」

なのです。

そして、それができるようになったら、
最後にアカシックレコードを乗り換えるためのコツを教えます。

5、最高のバージョンを生きている自分に相談する習慣をつける

答えは常に自分の中にあります。

自分の中とは？

それは、どの自分に焦点を合わせるかで違ってきます。

人の悪いクセとして、上手くいかなかったときに、
「なぜ上手くいかないのだろう？」
と考えるクセがあります。

すると
上手くいかなかった延長を生きているパラレルワールドの自分から、
なぜ上手くいかなかったかの理由を聞き出すことができます。

「あ〜、あのとき素直にならなかったから失敗したんだ」
と後悔している最低のバージョンを生きている自分から

「素直に人の言うことを聞かないと上手くいかないよ」
とアドバイスをもらうのです。

これは、とても的確なアドバイスに聞こえるかもしれません。

しかし……

それは、上手くいかない理由であり、上手くいく方法ではありません。
最低のバージョンの自分にならないためのアドバイスなのです。

人は無意識にこのようなことをしています。
ですから、この習慣を変えましょう。

最低のバージョンの自分にならないためにではなく、

最高のバージョンの自分になるためのアドバイスをもらう習慣です。

どうやったら最高のバージョンの自分になれるのだろう？

と、最高のバージョンの自分に焦点を合わせて
自分に問いかけるのです。

焦点を合わせるとは、
最高のバージョンの自分を何となく意識するだけです。
すると、最高のバージョンを生きているパラレルワールドの自分から
アドバイスが届きます。

まとめてみると

1、今の自分の習慣を変えようと想うこと

2、今の自分に意識的になる
3、最高のバージョンの自分で考える習慣をつける
4、最高のバージョンの自分で行動する習慣をつける
5、最高のバージョンを生きている自分に相談する習慣をつける

簡単でしょ？

たったこれだけで、最高バージョンを生きている自分のアカシックレコードに乗り換えることができるのです。
すると、全自動で
最高のバージョンを生きている自分に向かって歩き出すのです。

今までどんなに努力をしても、
いろんな本やセミナーをはしごしても、なぜか上手くいかなかったのは今までのアカシックレコードの中で、もがいていたからなのです。

ですから、まずはアカシックレコードを乗り換えましょう。

的確なアドバイスをもらい、的確な行動をしましょう。

どんなに素晴らしい成功者や占い師さんよりも
あなたのことを理解し、的確なアドバイスができるのは、
あなたしかいないのです。

真の王

僕の代表作である

『わたしは王』

の中で、僕はほぼ在り方について書いています。
なぜなら、何よりも在り方が大切だからです。

人は出来事や条件で自分の幸せを決める習慣がありますが、
幸せとは条件や出来事とはまったく別の世界にあるのです。

条件や出来事があるのは「頭」の世界です。
幸せは「頭」の世界にあるのではなく、
「心」の世界にのみ存在するのです。

「心」は無条件で幸せです。

ただ幸せなだけなのです。

しかし、それは「人間」としての喜びとは別の問題です。
「神」の世界では、幸せしかありません。
何もしなくても、ただただ幸せで漂っているのです。

「心」の世界とは、「神」の世界に戻ることなのです。
しかし……

人が生まれてくるのは、ただただ幸せを体験するためではありません。
それは、人間として生まれなくても
神の世界で体験できる当たり前のことなのです。

ではなぜ、わざわざ人間に生まれてくるのでしょうか？

それは、神の世界では体験できない喜びを体験するためなのです。

神の世界で体験できないことなんてあるのだろうか？
そう思うかもしれませんが、人間の世界は
神の世界では体験できないことばかりです。

神の世界では、幸せしかありません。
そして、感謝しかありません。
さらには、愛と調和しかありません。

幸せ、感謝、愛と調和を素晴らしいと思えるのは、
そうではない人間の世界にいるからです。

神の世界は、それらが特別なことではなく普通のことなのです。

それが当たり前なので、何の感動もないのです。

ところが、人間世界ではそうではありません。

まず、神以外の存在があると思っています。
愛ではないことが可能な世界です。
本気で不幸があると思っています。

神の世界で決して体験できないことが、人間世界では可能なのです。

神の王国に存在する魂は、人間世界に憧れます。
人間として生まれることで、その不思議な体験ができるのですから、
誰もが人間になりたがっているのです。

人は生きている限り、悩みが絶えることはありません。

お金の悩み
病気の悩み
人間関係の悩み
仕事の悩み

そして、その悩みが全部なくなれば幸せになれると勘違いしています。

そう、それは人間の勘違いなのです。

「人は幸せになるために生まれてくる」

と言う人もいますが、先ほども書いたとおり、もともと人は幸せなのです。

神の世界では、すべてが完璧で幸せなのです。
ですから、幸せでだけいたければ、生まれてこないのが一番です。
何か、皮肉のような感じですよね。

生まれてこないほうが幸せだなんて、つまらない考えですよね。
それは、幸せとは何かを知らないからそうなるのです。

神の世界では体験できない、お金の悩み
神の世界では体験できない、病気の悩み
神の世界では体験できない、人間関係の悩み

それを経験するのが目的で生まれてきたのです。
つまり、それを経験できることが、
本来の目的であり喜びであるはずなのです。

しかし、その目的を忘れてしまって
深刻に悩んでいるのが
人間なのです。

もし、その目的を思い出したなら、
一つ一つの経験を大切に味わいながら経験するはずです。
そうでないのは、深刻に嫌がっているからなのです。

一つの経験はその人の認識次第で、
楽しいものになったり、つらいものになったりするのです。
条件、環境、経験次第で認識が変わってしまうのならば、
その環境や経験が王であり、
自分は経験の家来ということになります。

どんな環境、条件だろうとも
自分次第で楽しい経験にするのが、
真の王なのです。
この真の王という在り方こそ、
神々が経験したかったことなのです。

それを経験するために仕組まれたのが、神々の陰謀であり
人間と神が共通して向かう目的なのです。

あとがき

陰謀論の話から始まって、支配者の話になり、
最終的にはアカシックレコードとパラレルワールドの話になりました。

皆さん、ちゃんとついてこられたでしょうか？
どこかで迷子になっている人はいませんか？

迷子になったときには思い出してください。

そもそも、何のために生まれて生きているのだろうか？

明確な答えを知らなくても構いません。

ただ、ハッキリ言えるのは、
今、目の前にある悩みを解決するために
あなたは生まれてきたわけではないということです。

自分が自分の世界の王国の王となり、
自分が経験したい世界を創造して楽しむために生まれてきたのです。

この目的のために、材料となる情報を集めるのが目的だとしたら、
自分が情報を選別する側になるのです。

世の中には情報が溢れています。

陰謀論者の言う情報もほんの一部でしかありません。

テレビやラジオでも毎日いろんな情報が流れています。
その中の何%かは、フェイクニュースなのかもしれません。

しかし、そのフェイクニュースを暴こうとする陰謀論者の情報自体がフェイクかもしれません。

何が正しくて、何が嘘なのか、誰にもわからないのです。

ですから、どんな情報であれ、その情報に振り回されるのではなく、その情報を使う側になれば、自分の好きなように料理できるのです。

陰謀論者の言うことは、それが本当か嘘かよりも、
それが自分の料理に使えるかどうかという見方で選別し、
自分の世界を楽しいものに創り上げることが目的だと思い出せば、

迷子にならなくて済むのです。

僕は、僕の最高のバージョンの世界に必要な情報だけを取り入れます。

でも必要なくなったら、アッサリと削除します。

スピリチュアル業界からの情報
陰謀論者からの情報
テレビやラジオからの情報
知人からの情報
霊能者からの情報
神人からの情報
そして、アカシックレコードからの情報

中には植物と対話をして
情報をもらっている方もいるかもしれません。
または、進化した宇宙人から情報をもらっている人も
いるかもしれません。
いろんな可能性があっていいと思います。

しかし、その情報がどこからきているにせよ、
その情報自体に価値があるのではなく、
その情報を使いこなす自分に価値があるのです。

僕の本も一つの情報です。

この情報をどういうふうに料理して、素晴らしい自分の王国を創るのかは
あなたの中に存在する

「わたし」次第なのです。

「わたし」はこうしたい！

世の中がどのような状態でも

「わたし」はこのように生きたい！

そう宣言することで、運命の支配者になり、

「わたしは王」という在り方になるのです。

「わたし」はどうしたいのか？

常に「わたし」に問いかける習慣を身につけることで、

劇的に世界が変わり始めるのです。

金城光夫　きんじょう みつお

琉球スピリット作家。
1967年５月17日、
沖縄県那覇市に難産の末・奇跡の連続で産まれる。
霊能力の高い両親と生活する中で、
パラレルワールドとの交信や臨死体験を経験するも、
生まれつきの天然パワーで全く気に留めずに育つ。
母の死後、父親の末期ガンが発覚。介護中に仙人のような
不思議なおじさん：通称「タンポポおじさん」と出会い、
みずからの衝撃的な使命を報らされる。
その後、数年の年月を経て、再びタンポポおじさんを訪問。
畑作業を手伝いながら「５次元」を学ぶ日々が続く。
ある時、
タンポポおじさんに背中を押される形で
『わたしは王』を執筆。
５次元の気づきを体感したことにより、
天使や精霊と遊んでいた幼少期を想い出す。
その後、天使の囁きが聞こえるようになり、
地球に来た意味・もっと楽しむ在り方などを模索中。

なお、デビュー作となった『わたしは王』は、
アマゾンおよび書店の「スピリチュアル部門」において
上位ランクイン。
発売半年あまりで異例の５刷（重版）を記録し、
いまなお部数を更新中。

オフィシャルサイト QR コード

神々の陰謀

コロナで突如始まって、あっという間に仕上げ!

第一刷　2020年6月30日

著者　金城光夫

発行人　石井健資

発行所　株式会社ヒカルランド

〒162-0821 東京都新宿区津久戸町3-11 TH1ビル6F

電話 03-6265-0852 ファックス 03-6265-0853

http://www.hikaruland.co.jp info@hikaruland.co.jp

振替　00180-8-496587

本文・カバー・製本　中央精版印刷株式会社

DTP　株式会社キャップス

編集担当　小池恵美

ISBN978-4-86471-894-3

ヒカルランド　好評既刊！

地上の星☆ヒカルランド　銀河より届く愛と叡智の宅配便

わたしは王
自己中こそが宇宙ののぞみ
著者：金城光夫
四六ハード　本体1,333円+税

目の真力（まりょく）
目で見る想いこそが創造のしくみ
著者：金城光夫
四六ハード　本体1,750円+税

喜びの真法（まほう）
楽しめば宇宙はもっと輝く
著者：金城光夫
四六ハード　本体1,620円+税

自分で運気を変えるコツ！
著者：金城光夫
四六ソフト　本体1,620円+税

気のせいだから
著者：金城光夫／ドラゴンつよし／ロメダ アンドウ
四六ソフト　本体1,700円+税

天使のトラップ 第１巻
著者：金城光夫
四六ソフト　本体1,800円+税

中川　実

シータプラスの開発者。
柔道整復師、鍼灸師、指圧師、読脳セラピー国際講師などの顔を持ち、施術家として30年間活動。「氣の流れ」が見えるようになり、不調の原因が単に肉体的なものに由来せず、生育環境や家系、過去生などさまざまであることに気づく。それぞれの根本治癒と、人類全体の絶対幸福を実現させるために、約5年間を研究と試行に費やす。人間の生体エネルギーが、手足の指先を通じて宇宙と繋がっていることに着目し、高波動エネルギーを発するマニキュア「シータプラス」の開発に成功。スポーツアスリートや、身体機能が低下した高齢者などのパフォーマンスアップに極めて有効であったことから、全国から誘致を受けてその普及に努めている。

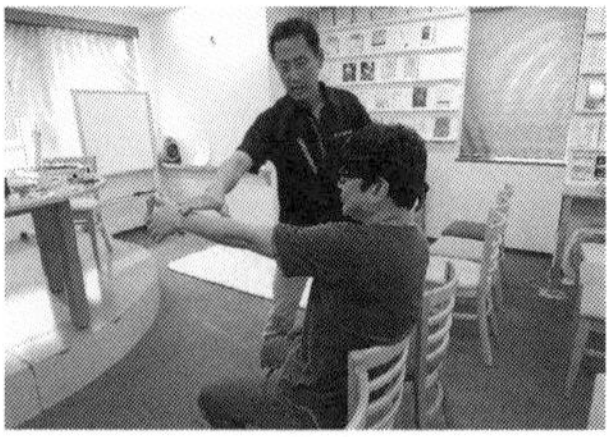

中川先生がリーディングしながら、
その方に合わせた施術をします。

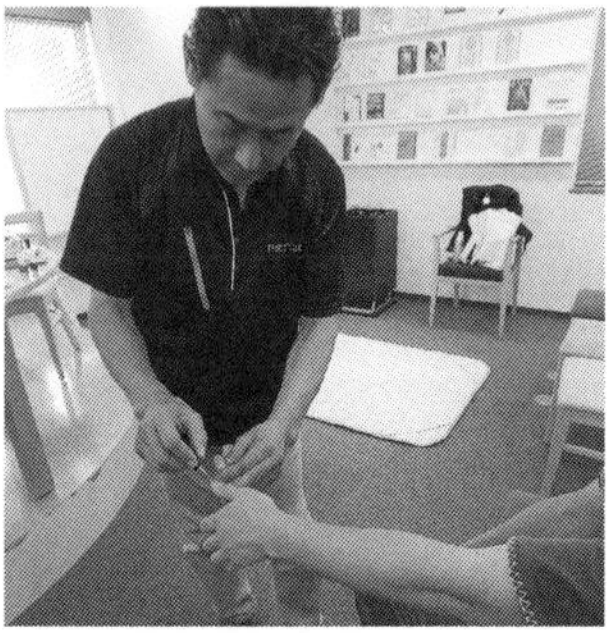

エネルギーが入るべき指にシータプラス
を塗り、生命の幹を整えます。

一瞬で宇宙と繋がるシータプラス！

爪は健康状態を映し出すと言われていますが、それと同時に、見えない宇宙生命エネルギーの入り口でもあります。手足の指から入った宇宙エネルギーは上肢・下肢を上行し、内臓、脳などに到達して身体全体を養います。では、エネルギーが滞ってしまったらどうなるのでしょうか？　各指から入るエネルギーの流れに沿った筋肉の機能が低下し、力が入りにくくなります。内臓の機能も低下するため、体の不調の原因にもなってしまうのです。

シータプラスには、中川先生が選び抜いた数々のエネルギー物質が融合し、そのバランスを整えて注入されています。

男女問わず塗ることができるシータプラスで、宇宙エネルギーを身体に取り入れ、本来の軸を取り戻し、心身ともに健康な毎日を過ごしましょう！

＊ご案内の価格、その他情報は発行日時点のものとなります。